パウル=ティリッヒ

ティリッヒ

•人と思想

大島　末男　著

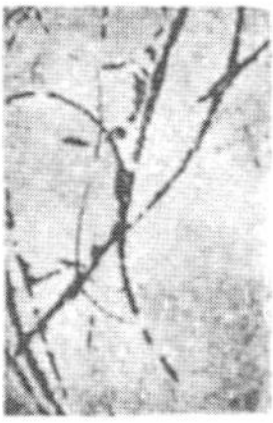

135

CenturyBooks　清水書院

ティリッヒについて――ティリッヒと私

学問の巨匠

私がはじめてパウル＝ティリッヒの謦咳《けいがい》に接したのは、一九六二（昭和三七）年の秋のことであった。ティリッヒは当時、七六歳という高齢であったが、堂々とした偉丈夫で、鋭い眼光と威厳に満ちた風貌《ふうぼう》は近寄りがたさを感じさせた。しかし私が留学生ということもあったのか、大学の構内で出会う時には必ず気さくに会釈してくれたが、それがまだシカゴの厳しい気候とシカゴ大学の学風に馴じまない私には無言の励ましのように思えた。

ティリッヒのその年の講義は、週二回のキリスト教思想史であったが、これはもう長い間続けて来た講義であり、製本された講義ノートを持参するものの、それを一度も見ることなく、ドイツ語の訛りのある独特の英語で九〇分間、淀みなく、ゆっくりと講義を続けた。またドイツの田舎出身のティリッヒには非常に律義なところがあり、全力投球の連続であった。例えば、一九六二年の秋と冬は特別に寒かったが、暖房装置が故障した日にも「アガペーの実践だ」などと言って外套を着たまま講義を続行した。この律義さは、組織神学専攻の学生たちの懇親会と討論会を兼ねた集会には、ティリッヒがいつも出席していたことにも伺《うかが》えた。生涯篇の最後に詳述するように、この律義さがその生命を縮める原因ともなったのである。

また学生たちに学問の方法を教えるためであったろうか、一つの問題が提起されると、ティリッヒはその問題をめぐって、聖書学、神学（哲学）、教会史（教理史）、倫理学（社会学）、心理学、文学（美学）、宗教史学という神学七科のすべての分野から光を当てて、あざやかに解答を引き出すのであるが、その手腕たるや、巨匠と呼ばれるのに相応しく、私はまったく圧倒されて、ただ敬服するばかりであった。

問いと答えの相関論　また私たちの質問が意味をなさない時には、ティリッヒは「この質問はナンセンスだ。言い直せ」とよく言った。そこで四苦八苦して、何とか要点のある質問に言い換えると、ティリッヒは「それで意味ある質問となった」と言いながら、初めて答えるという具合であった。それゆえ私など質問するのにも気を使わねばならず、ただただ恐懼《きょうく》しながら聴講するという有様であった。

しかしティリッヒが質問の形式と内容（意味）について特にうるさかったのには、神学的にいって深い意味があったと思う。なぜならティリッヒ神学は、哲学の問い（外的形式）と神学の答え（実質的内容）との相関論を本質とし、しかも哲学（外核）と神学（内核）の関係が律法（外核）と福音（内核）の関係に呼応するからである。カントの『純粋理性批判』の序文によると、人間の理性は形而上学については、斥けることも答えることもできない問題に悩まされる。同様に神学（内核）の答えを期待するためには、哲学（外核）は人間の自然的本性によって人間に課されているが、人間の能力を越える問い、例えば実存の自己超越の試みとその挫折（実存の窮境）をめぐる問いを立てねばならない。もし問いと答えが全く無関係であれば、ティリッヒ神学は成立しない。

ティリッヒの哲学と神学の相関論の祖型であるドイツ観念論の哲学によると、主体と客体、思考と存在は、実存（外核）においては分離しているが、本質（内核）においては同一性を保持する。それゆえ両者の関係は実存においては不透明であるが、本質においては透明である。しかもドイツ観念論は、実存が本質へ立ち帰り、本質に透明になるのは人間の理性の働きに依存すると理解した。ところがティリッヒは、本質から堕落して自己疎外に陥っている実存の問いに答えるのは、無の深淵（最内核）において非存在（悪）の脅威を克服する存在自体の自己肯定（めぐみ）であると理解する。さらに非存在を克服する存在自体の構造が罪を克服するキリストの出来事の構造に呼応するので、哲学の問いと神学の答え、実存の問いとキリストの答えの相関論が成立すると理解する。

人間ティリッヒ

ティリッヒは海を愛したが、これは海が形ある陸地を侵食し、すべてを呑み込むと同時に、すべての形あるものを生み出す母胎である深淵を象徴し、この深淵がシェリングとティリッヒの神を象徴するからである。しかもティリッヒの哲学と神学、文化と宗教の相関論はこの深淵に根差す。翌春、ようやく暖かさが戻ったミシガン湖畔に、夫人と一緒に散歩しているティリッヒの姿が時どき見受けられた。若い頃のティリッヒは不羈《き》奔放に生きたようであるが、私が直接知っていた晩年のティリッヒは夫人と落ち着いた幸福な毎日を送っていた。

ティリッヒは、シカゴ大学にも近く、またミシガン湖にも近いウインドメア・ホテルに滞在していたので、翌年度の演習は、ホテルの自室で夜七時から一〇時までの三時間、毎週一回行われた。晩年のティリッヒにとって、東京大学の高木八尺教授の招きによって日本を訪問し講演旅行をしたことは、誇らしい憶い出であったのであろう。「日本人は民主主義の精神を本当に理解していないので、民主主義の哲学的基礎について講義するように依頼されたのだ」という言葉を何度か耳にした。日本人は縄張りや守備範囲を固守する地縁・血縁の思考、つまり同一性の原理、多神教の原理に支配され、仲間や同胞には寛大であるが、他国者を排除する傾向をもつ。ところが民主主義は異なる意見をもつ人々が「それにも拘らず」正義に基づいて結合する。つまり分離（差異性）を前提とした結合（同一性）を民主主義は本質とするが、これが具体性と究極性を統合するティリッヒの「究極の関心」の本質であり、一神教の原理である。この同一性と差異性の同一性こそティリッヒ神学の根本構造であり、民主主義の哲学的根拠はその例証なのである。

ティリッヒ自身、生粋のドイツ人であった「にも拘らず」ユダヤ人を擁護して、ヒトラーに反抗し、大学教授の職を追われてアメリカに亡命したのである。「異邦人のために自己を犠牲にした」ティリッヒの行為は、イエス＝キリストが神である「にも拘らず」人間の罪のために自己を犠牲にした事実と比論の関係にあり、日本人の縄張りの思考を逆転させる思考である。

しかし当時の私は学問的に未熟であり、ティリッヒ神学の蘊奥《うんのう》を極めるために質疑応答を展開できなかったことは今でも残念でならない。例えば、ブルトマンの非神話化論が世界中を席巻していた当時、「ブルトマンは神話の意味を知らない」とティリッヒに言われて、私は啞然としてしまったが、その意味を理解できるようになったのは、ティリッヒ死後のことであった。ティリッヒによれば神話は、技術理性に基づく自律的学問が成立する以前の根源的世界（神律的世界）、自律理性がその前で沈黙せざるを得ない無の深淵・根源的存在の直接的な表現形式であり、自律（形式）的理性によって非神話化できない。またティリッヒとハイデガーの関係について質問すると、デリケートで難解な問題だという趣旨の答えしか戻ってこなかった。

栄光と老残のティリッヒ

ティリッヒが公開講演を行うときは何時でも教室は学生で溢れ、学問への憧れに眼を輝かせた学生たちの熱気で教室はむせかえり、まさに栄光の中の晩年であった。また広い文化的世界においても、アメリカの一流週刊誌「タイム」の創刊四〇周年を記念して、「タイム」の表紙を飾った有名人たちを招待した集会が催された時、記念講演を依頼されるなぞ、ティリッヒの名声は高まるばかりであった。

このような社会的名声を楽しむ一方、ティリッヒは自分自身のために静かな時間をもつことに努め、特に当時のシカゴ大学ではハンナ＝アレントとの交友を最も大切にしていた。アレントは、ハイデガーとヤスパースの許で学んだユダヤ人女性であったが、政治学者としてシカゴ大学の看板教

シカゴ大学の研究室で執筆中のティリッヒ

授の一人でもあった。毎週一度、教員食堂のクアドラアングル・クラブで、午後一時半頃、他の教授たちが引き上げた後の静まりかえった部屋の窓際の席で食事をしながら歓談している二人をよく見かけた。アレントは美しい老婦人であったが、声は男のように太かった。

一九六四年の秋ごろからであったろうか、ティリッヒの身体の衰えが急に目立つようになった。あの威厳に満ちた顔も、今や頬がこけ、傍で見ているのも痛々しいほどであった。この頃のことであったろうか、ある夕暮のティリッヒの姿を私は今でも忘れることができない。当時、神学部の建物であるスイフト・ホールのエレヴェーターが故障していた。午後六時頃、私は当時三階にあった神学と哲学の図書館での一日の勉強を終えて、静まりかえった建物の階段を一人で降りていた。するとティリッヒの研究室のあった四階から、バタバタと妙にリズムの乱れた、大きな足音が聞えた。思わず振り返って見上げると、そこには足を踏みはずすまいと、足許だけに全神経を集中して降りてくるティリッヒの姿があった。鷹揚《おうよう》に会釈する威厳に満ちた容姿はどこにもなく、傍にいる私を眼に入れる余裕もなく、ただ転《ころ》ばないことだけに気を奪われて懸命に階段を踏みしめる老残の姿に、私は思わず眼を伏せてしまった。

ティリッヒの死

シカゴ大学は、名総長ロバート＝ハッチンズの指導力により、一九三〇年代にアメリカ屈指の大学となったが、私が学んだ頃も神学部にはその影響が残っており、綜合試験の数がむやみに多かった。ティリッヒの学際的神学に基づいて作成されたカリキュラムであったのであろう。まず神学七科の綜合試験があり、次に哲学的神学専攻の私には、組織神学の綜合試験五科目、最後に学位論文をめぐって三科目の綜合試験が課された。

最初の七科目の綜合試験は、春秋二回、五〇名、百名という学生が一緒に試験を受け、各学科、三回まで落第することが許された。次の専門分野の五課目は、それぞれ専門の五人の教授達から出題された試験問題を、毎日一科目ずつ、五日間にわたって受けるのであるが、十分準備ができたと判断した時、各自、個人的に受験し、試験場には当日使用されていない教授の研究室が当てられた。私が第二段階の綜合試験を受けたのは、一九六五年の秋であり、当時病気で欠勤していたティリッヒの研究室が私の試験場に当てられた。ティリッヒの机の上は奇麗に整頓され、欠勤している主人を待ちわびるかのように鉢植の花が美しく咲いていた。

この綜合試験の最中に、正確には二日目の試験が終って夕食を摂っていた時、私はラジオ放送によってティリッヒの赴報を耳にした。全身から力が抜け落ちるほどの衝撃を私は受けたが、神学部は勿論のこと、シカゴ大学全体が深い悲しみに包まれた。約一週間後、私は当時、日本宗教史について ハスケル講義を行うためにシカゴ大学に滞在していた東京大学の堀一郎教授と一緒に、ロックフェラー・チャペルで行われた記念礼拝式（葬式）に出席した。

ティリッヒ神学の意味　しかしティリッヒと私の縁はこれで切れたわけではなかった。一九七〇年、私はヒューストンにあるライス大学に新設された宗教学科に参加することになったが、私の同僚にはティリッヒ学者のエバハルト＝アメルンクがいた。アメルンクは当時マールブルク大学神学部の私講師であり、ハーヴァード大学時代のティリッヒの愛弟子であった。アメルンクとは隣同士のアパートに住み、ティリッヒについて理解を深める機会を与えられた。アメルンクがドイツに帰国した後、それぞれ一時期北米ティリッヒ学会の会長を務めたウィリアム＝カーレイやジョン＝ニューポートとも同僚となり、ティリッヒについて語り合う機会に恵まれた。さらにライス大学在職中の私の給料の一部を負担してくれたのは、インディアナ州のニュー・ハーモニーにティリッヒ庭園を創ったオーウェン夫人であった。ジェイン＝オーウェンは、現在はエクソン石油会社に吸収合併されているが、当時ヒューストンにあったハンブル石油会社の社主の家に生まれ、空想主義的社会主義者として日本にもその名を知られたロバート＝オーウェンの曽孫と結婚したインテリであり、ティリッヒの崇拝者であった。

それはともあれ、当時のアメリカの諸大学の宗教学科は、ティリッヒの哲学的神学に基づいて、宗教と文化の統合を試みており、ライス大学もその例外ではなかった。現在、学際的研究が叫ばれているが、ティリッヒはその草分けの一人であるといっても過言ではない。現在のように学問が急速に進歩し、専門化が極限に達した時期には、諸学を統合することは重要な任務である。特に神学においては、フランス敬虔派のポール・ロワイヤル運動に参加した数学の天才ブレーズ＝パスカルが、キリスト教の神は哲学者の神とは関係ないと書き記して以来、哲学と神学は無関係であると考えられるようになった。ところがティリッヒは、神学と哲学の統合を試み、東洋の宗教を根底から理解しようと努力した稀有な学者である。

キリスト教会は、古来、キリスト教の真理を異教社会に対して弁明・擁護する弁証学を展開して来たが、ティリッヒ神学はこの系譜に属し、キリスト教の真理を同時代の文化的世界に通用する言語で表現することを試みる。アウグスティヌスはプラトン哲学に基づいて神学を形成し、トマスはアリストテレス哲学に基づいて神学体系を形成した。近代においてもヘーゲルと後期シェリングとシュライアマッハーは、哲学と神学、文化とキリスト教の統合を、哲学の視座から試みた。ティリッヒ神学の一局面を形成する弁証法は、プラトン哲学とドイツ観念論に共通する論理であるが、弁証法による神学と哲学の統合が成功しなかったのは、存在の根底（神）である無の深淵は論理以前であり、反論理である事実に眼を閉じたからである。万事が順調に行く理想的な時には、無の深淵は理性的本性（本質）として自己を開示するので、文化と宗教、哲学と神学は存在論的理性によって統合される。これがティリッヒの『諸学の体系』の立場であり、本質から分離されて不安になった実存の疑いは、本質として自己を開示する深淵（存在の深み）を反映し反射する反省（熟考）、つまり存在と思考を統合する精神によって答えられる。

しかし狂気が理性を引き裂き、虚無が平穏な生活を不安の淵に沈ませる時、確かさを誇った自律理性自体が疑問となる。この理性の問いに答えるのは、無の深淵を破って現われる存在自体（新存在）であり、実存の領域（外核）において哲学の問いと神学の答えを相関するが、これが『組織神学』の立場となる。反面、哲学（存在論）と神学（啓示）を統合する本質の領域は『組織神学』の内核を形成する。本質の領域（ドイツ観念論）においては、真理（神）は人間の魂の内部に存在するので、神学と哲学の関係は内と外の関係となる。しかし本質（内核）から転落した実存（外核）、すなわち罪人の内部は虚無であり、真理（神）は存在しないので、実存の領域においては、救いの神（キリスト）は外部から介入して罪人と出会い、実存の問いと啓示の答えの相関論を形成する。ところが実存（外核）と本質（内核）、哲学の問いと神学の答えを統合するのは、存在自体、存在の深み、無の深淵であり、ティリッヒの『組織神学』の根底を形成する。すべてが浅薄となった現代において、存在と理性の深みに基づいて、諸学を統合し、キリスト教の真理を弁証したティリッヒ神学は、哲学的神学の枠を超えて、広く学問一般に通用する学際的研究の最良の指針となるであろう。

ティリッヒ　目次

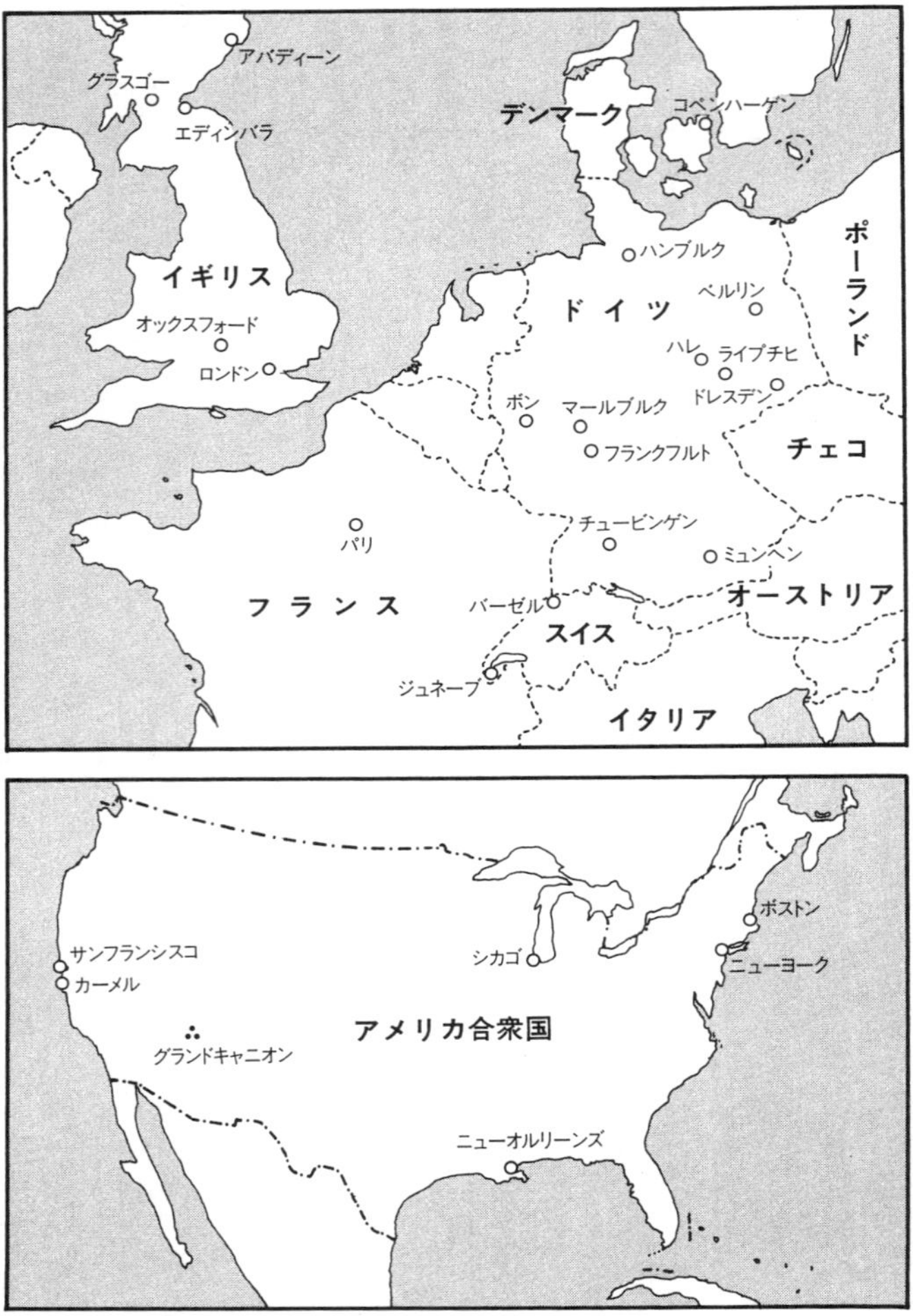

ティリッヒの思想と関係したヨーロッパとアメリカ

I　ティリッヒの生涯

第一章　夢みる楽園——本質（存在）

一九世紀と二〇世紀のあいだで

人生に不慮の災難が振りかかるように、世界史も予期せぬ大波に翻弄されることがある。ティリッヒの生きた一九世紀末から二〇世紀後半にかけての時代は、二つの世界大戦を抜きにしては語れない。ティリッヒの青春時代は、ドイツ皇帝ウィルヘルム二世の国家主義と資本主義の全盛期であり、またブルジョア階級が自然と歴史を支配できる理性の力を確信した時代であった。それゆえ時代の根本的思考形式である哲学も、理想主義的観念論の全盛期であり、世界史は人類の理想を実現すべく向上の一途を辿っていると解釈された。一九一四年、第一次世界大戦が勃発したとき二八歳であったティリッヒは、後期シェリングの積極哲学の研究によって悪魔的な暗闇に気付いてはいたが、なお理想主義・本質主義の光の世界で思考しており、フィヒテやヘーゲルによって代表されるドイツ観念論の世界の中に生きていたのである。

ところが第一次世界大戦は、ティリッヒにとって観念論的思考の破綻を意味した。一般庶民の幸福を約束した資本主義体制は、資本家と労働者、地主と小作人の対立を生み出したが、戦中、戦後の混乱期を通して犠牲となったのは、無産者、労働者だったからである。また資本主義が創り出した生産と消費の巨大なメカニズムは大衆の生活水準を向上させたものの、彼らを戦災と失業の渦中に巻き込んだからである。歴史を支配しているのは、人間の自律的理性ではなく、非合理的な運命であった。今や、明るい未来の夢は破れ、ドイツ理想主義の哲学は凋落し、実存と本質の矛盾を説いたキルケゴールやフロイトが脚光を浴びたのである。マルクスによって解明された労働における人間の自己疎外、またフロイトによって開示された性における人間の自己疎外は、二〇世紀の人間はもはや一九世紀の本質主義の世界へは戻れないことを明示した。特に第一次世界大戦はティリッヒの精神を亀裂させ、その裂け目から顔をのぞかせた深淵は生涯覆われることはなかった。

キルケゴール（1813〜55）

第二次世界大戦を惹き起したヒトラーは、魔性に憑かれたように共産主義者やユダヤ人を迫害したが、ティリッヒは生粋のドイツ人であったにも拘らず、社会主義者やユダヤ人を支持し救援したので、大学教授の職を追われて、アメリカへ亡命しなければならなかった。ところが大義のために小我を棄てたティリッヒは、人の思い（人間的打算）に遥かに勝る神の恵みに与《あづか》ったのである。神の命令に従って見知らぬ国へ旅立ったアブラハムのように、ティリッヒは地縁・血縁を棄てて、アメリカへ亡命したからこそ、現代における最高の哲学的神学を構築することができたのである。神の祝福は、人間の計画がむなしくなる処に逆説的に啓示される。これがキルケゴールの説くキリスト教の本質であり、ティリッヒの神学体系を支える鍵語の一つでもある。

このような波瀾に富んだティリッヒの生涯を辿るわけであるが、幸いにティリッヒは三種類の自叙伝を残しており、そのうえウィルヘルム＝パウク夫妻の克明な伝記もある。したがって本書では、ティリッヒの自伝的名著『境界に立ちて』を軸にして、パウクの伝記に従いながらティリッヒの生涯を辿ってみよう。なお本シリーズの慣例に従って、脚注をつけて出典を示すことは全部省略した。また第二部思想篇の理解の助けとなる限度において、ティリッヒの生涯を描くことにした。

生と死のあいだで

パウル＝ヨハネス＝ティリッヒは、一八八六年八月二〇日、ベルリン近郊の寒村シュタールツェデルで、父ヨハネス＝オスカー、母ウィルヘルミーネ＝マチルダの長男として生れた。父二七歳、母二五歳であった。ティリッヒはその日のうちに三度も死にかかったが、この嬰児体験は彼の性格の影の部分を形成し、ティリッヒは生涯、死の影に脅かされ、存在と非存在の葛藤について思索し続けた。「なぜ存在があって無ではないのか」という難問を考え続けたティリッヒは、死を意味する暗闇や分離を克服する生と精神（霊）について思索したヘーゲルに深い共感を覚えた。特に生と存在は統合を意味するので、ティリッヒが文化と宗教、哲学と神学の統合に配慮する哲学的神学者として大成する根は、その嬰児体験の中に深くおろされていたのである。

父と母のあいだで

少年時代のティリッヒは両親から大きな影響を受けたが、元来、彼の中には正反対ともいえる父母の性格が緊張を孕《はら》んで共存しており、異なるものの統合と相関というテイリッヒ生涯の課題が彼の血の中に流れていた。父ヨハネスは、ドイツ東部のブランデンブルク出身で、神秘主義的なルター教会の伝統を継承し、瞑想的で責任感が強く、権威を重んずる典型的な家父長であった。反面、ティリッヒ一家は、ピアノをよく弾いた父を中心に室内楽を演奏するほど深い愛の絆で結ばれていた。さらにギリシア思想とキリスト教思想の交流に興味をもった父ヨハネスは、少年ティリッヒの最初の哲学教師であり、父と子は哲学の問題を議論することを最高の楽しみとした。現代の神学者の中で、哲学の造詣の深さでティリッヒの右に出るものはなく、哲学と神学の相関論を生涯の課題としたティリッヒの学問的経歴は、このようにして準備されたのである。

母ウィルヘルミーネはフランスに近いラインランド出身で、カルヴァン派特有の律法主義者であったにも拘らず、生に対する強い欲求をもった民主主義的な女性であった。ティリッヒは四三歳という若さで死んだ母親を愛慕し、母親の影の下に生涯過すことになるが、自己の魂の深層に潜む神秘に魅了され、後年、フロイトやユングの深層心理学と神学の相関論を展開するようになる。

矛盾する父母の性格のうち、父親の影響はより強く、哲学者としての表のティリッヒ像を形成したとすれば、母親の性格は父親の性格と戦い続ける裏の性格を形成して行った。魂の深層における葛藤は、魂の中にストレスを蓄積するので、恰も火山が地中深く蓄積したマグマを噴出させるように、母方の性格は時々噴出した。こうして暗い深淵が顔をのぞかせる亀裂した魂の持主として成長したティリッヒは、古典主義的・理想主義的な調和や均衡よりも古典的文明の崩壊期に親近感を覚えた。歴史の真理は、歴史を超越するプラトン的な不変のイデアの中ではなく、矛盾する原理間の動的な闘争の中にある。これがティリッヒの根本的立場であり、プラトン的なイデアの中に歴史の相対性を克服する鍵を求めたトレルチに対して、ティリッヒが批判的であった理由である。

田舎と都市のあいだで　一八八八年、妹ヨハンナが生れ、ついで一八九一年、ティリッヒ一家は父の新任地へ移住した。そして一九〇〇年、父ヨハネスがベルリンに転任するまでの一〇年間、四歳から一四歳にかけてティリッヒは、エルベ川のほとりにある人口三〇〇〇人ほどの中世の町シエーンフリースで過した。一八九三年、二番目の妹エリザベートが生れたが、近くの湖上にヨットを浮かべていたティリッヒ父子は、嵐にあい、命からがら逃げ帰ったことがあった。この時の経験の影響であろうか、ティリッヒは湖から押し寄せて来た高波が町を呑み込む夢を見たことがある。この深淵が象徴する非存在の脅威は、後年シェリングの積極哲学や実存哲学がティリッヒの骨肉となる基盤となった。

幼いティリッヒにとって最初の「聖」の経験は、暗闇を照らす光を象徴するクリスマスであったが、今や、八歳の頃から毎夏避暑に行ったバルト海の無限に拡がる深淵が根源的なものの象徴となった。荒れ狂う波浪が堅固な陸地を侵食するのを見て脱自的な経験をしたティリッヒは、後年、べルリンで経験した大衆の力と海の力を相関させて、著作『大衆と精神』に結実させた。無制約者がすべてを呑み込む深淵であると同時にすべてを生み出す根底であること、また宗教の実体は無限が有限の中に切り込むことであると同時に、無限と有限を統合する境界線であることなど、同一性と差異性の同一性はティリッヒの創造的思考の端緒となった。

有限と無限の境界線上で思索するティリッヒの思想のもう一つの根は、毎年、祖父母を訪れる際にみた大都市ベルリンであった。シェーンフリースの静かで閉鎖的な生活とは正反対のベルリンの活気に溢れた雑踏は、個人を呑み込む海に似ていると同時に、個人の私生活には介入しない大都市特有の自由奔放なボヘミアンの生活は、ティリッヒを深く魅了した。一九〇〇年、父ヨハネスがベルリン教区長に就任すると、ティリッヒ一家はベルリンへ移住したので、夢にまで見た憧れのベルリンは今やティリッヒの故郷となった。

上層階級と下層階級のあいだで　話は多少前後するが、ティリッヒの小学校時代の級友たちは村の下層階級の出身者が多く、町の有力者の子弟に対して敵意を抱いていた。ところが父の教区の土地貴族たちが教会を経済的に支えていた関係で、少年ティリッヒにも貴族の子弟たちは友人として付き合ってくれた。そのことをティリッヒは誇らしく感ずる反面、貧しい家の子供たちに対して罪の意識を抱くようになり、貧富の階級の間を心情的に揺れ動いた。貴族の子弟の中でティリッヒの親友となったのは、エッカルト＝フォン＝シドーであった。ティリッヒよりも年長であった彼は、ダーウィンの進化論やフロイトの深層心理学、また第一次世界大戦後は表現主義の芸術に対して、ティリッヒの眼を開いてくれたが、これらは後にティリッヒの思想の中核を形成した。

またベルリンの祖父母を訪れた少年ティリッヒは、美しい礼服姿の近衛兵の行進に深く感動し、国家に対する忠誠心を胸の中に深く刻み込まれた。したがって一九〇一年、父ヨハネスがイスラエルのゲッセマネに建立されたドイツ福音教会の献堂式に出席する皇帝の随員に選ばれたことは、愛国少年ティリッヒにとって特に誇らしい出来事であった。プロシアの官僚制度は国家に対する滅私奉公を本質とするが、ウィルヘルム＝パウクによれば、一九二三年に出版されたティリッヒの『対象と方法にしたがった諸学の体系』はこの精神を反映している。当時、第一次大戦後の混乱したベルリンで生活していたにも拘らず、ティリッヒは本質主義に基づいて首尾一貫した学問体系を構築した。

反面、ティリッヒは中産階級を嫌悪し、後に「ボヘミア」という社会集団に参加するが、その中核的な構成員は芸術家、俳優、作家であった。彼らはカフェやアトリエにたむろする自由奔放な若者たちであり、無産階級や労働者のシンパであった。ティリッヒは、ブルジョア階級とボヘミアンの間を揺れ動き、後にナチスによって代表される中産階級によって激しく攻撃されたのである。

現実と空想のあいだで　一八九八年、ケーニッヒスベルクの高校に入学したティリッヒは、一九〇一年、父の転任に伴ってベルリンの高校へ転校した。ティリッヒは、高校では聖書を愛読する傍ら、ラテン語とギリシア語を徹底的に勉強したが、一四歳から一七歳にかけての多感な少年時代、現実の厳しさに耐えかねて、空想の世界へ逃げ込む習慣がついた。当時の愛読書の中には、シュレーゲル訳のシェクスピア全集があったが、数週間ハムレットと自分を同一化して生活するほど、ティリッヒにとって空想の世界は現実の世界よりも実在感に溢れていた。この事実は、後にティリッヒが表現主義の中に真の現実性を見出し、表現主義と現象学を統合するハイデガーに親近感を抱く素地となった。

ティリッヒ神学の問題点の一つは、プロティノスの哲学（古典哲学）とドイツ観念論（近代哲学）とハイデガー哲学の統合にかかわるが、哲学的空想の深化である表現主義と象徴の概念、また三者に共通する同一性と差異性の同一性という弁証法的論理が三者の統合を可能にする。しかしこのような統合は科学的厳密さに欠けるので、英国の哲学者G・E・ムーアから「一文、いや一語でいいから私の理解できる言葉を語ってくれませんか」と皮肉られる破目に陥った。あるいは各次元（領域）にはそれぞれ異なった思考が通用するというのがティリッヒの最終的な立場かも知れない。いずれにしろ英米哲学が表層的な意味にかかわる技術理性（自律理性）に基づくのに対し、ティリッヒの神律的哲学は、存在の表層では相矛盾する重層的な意味（諸相）を自己自身の中に畳み込んでいる存在の深み（根源的意味）にかかわるので、意味の曖昧さを伴うのは当然なことである。

神律とは存在の深み（深淵）が意味形式を通して自己を表現することであり、文化の相対的諸形式（諸相）を絶対的意味によって満し、空虚な諸形式を意味を担う諸形式に変化させる。ティリッヒが愛読した後期リルケの詩は、想像の中に実在があり、詩が現実存在（Dasein）であると主張するが、この真理は表現主義の絵画にも通用する。後に第一次世界大戦に従軍していたティリッヒは、戦争の残酷さに耐え切れず、美術史の研究に没頭するが、除隊中ベルリン美術館でボッティチェリーの絵画「聖母と唱歌の天使」を見て、戦慄が身体中を貫通するのを覚えた。この脱自的経験（ecstasis）こそ存在の深みの開示であり、ティリッヒの芸術哲学（表現主義）と啓示概念の本質である。

信仰と懐疑のあいだで　父ヨハネスは正統神学を堅持し、キリスト教の真理を疑う者を容赦なく糾弾したので、信仰に対して懐疑的になっていた少年ティリッヒの畏怖の的であった。この時、ティリッヒを救ってくれたのが、父の教会の副牧師であったエーリッヒ＝ハルダーであった。彼はベルリン大学神学部の学生であり、「信仰による義認」というルター派の正統的教義を保持していたが、神学的には自由主義者であり、ティリッヒに疑うことを許して信仰の成長を助けた。すでに言及したように、同一性と差異性の同一性はティリッヒ神学の根本原理であり、懐疑は信仰の構造における必然的要素である。信仰が対立極である懐疑を取り入れると、信仰は自閉的状態から脱して、両極を統合する力を獲得し、存在の深みを開示し、逆に自己自身を貫徹する。

ティリッヒが信仰義認の教義を拡大解釈して真理の概念に適用したのは、後にハレ大学でマルティン＝ケーラーから罪人だけではなく信仰を疑う者も、恵みによって神と和解されることを学んだ時であるが、ハルダーの影響が伏線となっていたことは疑いない。宗教改革の信仰は、聖書の真理を世俗の生活において実践することを本質とするので、これは当然の結論であるが、反面、信仰の真理を水増しする結果を招く。たしかに知識と愛と救いは、すべて根源的同一性と差異性（分離）の同一性（再結合）という構造をもつが、罪と救いの教義を知識の領域へまで拡大して、神を疑う者も神から見棄てられず、さらに神を真剣に否定する者は神を意識しているので、逆に神を肯定していることになると主張するティリッヒの論理には飛躍がある。思想篇では、逆に、肯定的に再論するが、異なった領域の間に相同性を見出す学際的神学のアキレス腱はここにあり、この点でもティリッヒは厳密さに欠けると批判された。ティリッヒは『組織神学』、特にその第三巻で驚くほど正統的になるが、その理由はこのような批判に答えるためであったかも知れない。

それはともあれ、一九〇二年、一五歳になったティリッヒは堅信礼を受けたが、彼が自己の信仰の告白として選んだ聖句は「すべて労する者、重荷を負う者、われに来れ」（マタイ福音書一一章二八節）であり、父が息子に送った聖句は「真理は汝らに自由を得さすべし」（ヨハネ福音書八章三二節）であった。こうして真理探究の道を歩むティリッヒの生涯の方針は決ったが、一年後の一九〇三年、母ウィルヘルミーネ＝マチルダが癌でなくなったので、父親の影響は倍増し、今や神と同定された父の権威から自己を解放することにティリッヒは罪意識をもった。

母親が逝去した時、ティリッヒはすでに一七歳になっていたが、幼児のような態度で母親に接していたのであろうか。今度は妹ヨハンナのなかに母の姿を求めるようになった。他方、ヘルマン

＝ヘッセの『デミアン』を彷彿させるようにティリッヒの知的関心は俄《にわ》かに倍増し、フィヒテの『知識学』やカントの『純粋理性批判』を耽読した。それゆえ一九〇四年、神学と哲学を学ぶためにベルリン大学に入学したティリッヒは、入学当初から上級生や若手の講師たちと対等に議論することができるほどの学力をもっていた。

自然と歴史のあいだで

一九〇四年の冬、ベルリン大学神学部に入学したティリッヒは、偶然、古本屋でシェリング全集を入手したが、これが彼の学問的運命を決定した。ベルリン大学で一学期を過したティリッヒは、一九〇五年の夏、シェリングの母校であるテュービンゲン大学へ移り、午前中は講義を聴き、午後は美しい自然の中でシェリングの自然哲学を読み耽った。しかしティリッヒは、光に溢《あふ》れた自然の裏に死の影を見た。後期シェリングの積極哲学を性格づける暗闇（第一勢位）と光（第二勢位）という歴史的展開が自然にも適用されることに気付いていたのである。

テュービンゲン大学で夏学期を過したティリッヒは、一九〇五年秋、ハレ大学神学部へ移り、マルティン＝ケーラーから神学と哲学、宗教と文化を調停する方法を学んだが、当時ケーラーはギリシア文化とキリスト教、またドイツ観念論と宗教改革の神学の調停を試みていた。さらにティリッヒは若い哲学の私講師フリッツ＝メディクスからドイツ観念論を徹底的に学んだが、メディクスは後にスイスのチューリッヒ大学に転じ、フィヒテ全集を編集した。

しかしティリッヒにとって最も大きな意味をもったのは、ヴィンゴルフ（友情の家）という結社の会員となったことである。ヴィンゴルフ会は、自由主義的キリスト者の集団で、ハレ大学やベルリン大学にも支部があり、会員は友情で結ばれ、知的な討論を行い、生の歓びをわかち合った。ティリッヒの生涯の親友となったヘルマン＝シャフトとアルフレート＝フリッツはともにヴィンゴルフ会員であった。シャフトはブルジョアにもボヘミアンにも傾かない平衡感覚の持主で、境界線上で思索し続けたティリッヒに脱線しない秘訣を教えてくれたが、フリッツは後にティリッヒの妹ヨハンナと結婚した。ティリッヒは瞑想と思索に傾斜する危険に気づき、ハレのヴィンゴルフ会の会長に就任し、政治的にも活動した。

平衡感覚は、自然と歴史の関係についてのティリッヒの立場を理解する際にも重要な意味をもつ。ティリッヒが神学を学び始めた頃のドイツは、自然と歴史（文化）を峻別する新カント派の哲学とリチュル神学の全盛期であった。リチュルによれば、神の国は自然を征服する人間の技術と倫理に根差すが、キリスト教と倫理を同定することは、元来、カルヴァン主義に淵源する。ところが神秘主義的傾向をもつティリッヒは、人間と自然を超越する神よりも、人間に内在するルターの神に惹かれた。さらにティリッヒは、自然は円環運動をすると理解するギリシア思想に反対して、自然は歴史と同様、相反する原理間の闘争を通して、神の国実現へ向って前進すると理解したが、この理解はギリシア哲学とキリスト教のバランスの上に成立する。

問いと答えのあいだで　ハレ大学で二年間を過したティリッヒは、一九〇七年一〇月、ベルリン大学へ戻り、一年余り勉強に励んだが、それは博士課程を修了し、牧師試験の準備をするためであった。ところが父の友人エルンスト＝クライン牧師から助手になってほしいと要請され、一九〇九年一月から秋までリヒテンラーデという田舎の教会の副牧師となった。ここでティリッヒは、後に教育界で高い地位についたカール＝リヒャルト＝ヴェゲナーと運命的な出会いをするが、悪魔の手先ヴェゲナーは、まずティリッヒを大審問官である父親から解放する役割を担った。

それはともあれ、ティリッヒは、菩提樹に囲まれた牧歌的な環境の中で、数ケ月間、学位論文「シェリングの哲学的発展における神秘主義と罪意識」に没頭した。教会における副牧師の任務は、少年達の堅信礼の準備をすることであったが、ティリッヒは息抜きのためにベルリンへ行き、芸術家や俳優がたむろするカフェーで時間を過したり、劇場へ出かけたりした。一九〇九年の年末に前記の神学論文を書き終えると、ティリッヒはただちにシェリングについての第二論文に着手した。ベルリン市が一九一〇年八月一日以前に哲学の学位論文を出版した博士課程の学生に奨学金を与えると公示したからである。ティリッヒは「シェリングの積極哲学における宗教史の構成」をブレスラウ大学に提出し、哲学博士の学位とベルリン市の奨学金を取得した。その一年後、ティリッヒは神学修得士の最終試験に合格し、前記の「神秘主義と罪意識」をハレ大学に提出して、一九一二年、学生生活を終了した。

なお学生生活を締め括る重要な出来事は、一九一一年、ベルリン神学会で、ティリッヒが「史的イエスではなく、聖書のキリスト像がキリスト教の基礎であり、史的イエスが存在しなくともキリスト教信仰は成立する」という趣旨の研究発表をしたことであるが、この時すでにティリッヒの神学的立場は確立されたのである。

一九一二年の秋、ベルリンの労働者の居住区モアビットで副説教師をしていたティリッヒに、妹ヨハンナとアルフレート＝フリッツの結婚の通知が届いた。妹ヨハンナの中に母の面影を求めていたティリッヒにとって、これは母との別れ、また夢みる楽園との訣別を意味した。さらにモアビットでの貧しい人達との交わりは、資本家によって搾取され、経済的基盤から疎外された労働者と霊的に疎外された罪人との対応に基づいて、後にティリッヒがマルクス主義とキリスト教の相関論を展開する素地となった。そのうえティリッヒは、堅信礼の準備のために信仰問答書を教えている中に、知識階級にとって信仰は何の意味もないことに気付いた。キリスト教の真理は、無関心な者には無意味であり、実存の問いと啓示の答えが、究極の関心によって相関されて、はじめて意味をもつ。

妹のヨハンナと

この経験に基づいてティリッヒは、旧来の聖書主義の下では教会に背を向けざるを得ない人々を教会に結びつけるために、聖書の真理を現代人に通用する言葉で表現し、哲学と神学の対話を再開した。さらにモアビットでの忙しい仕事の合間を縫って、一九一三年、ティリッヒはハレ大学で大学教授資格を得るための論文に着手し、二年後に「啓蒙主義時代のドイツ神学における超自然の概念」を完成した。この論文は、唯名論に基づく聖書主義の神学は超自然主義に帰着し、実在論に基づくティリッヒの神秘主義の立場に逆行することを主題とする。こうして夢みる本質の時期は終り、自己疎外に悩む実存の時期へ移行する時が迫ってくるが、その引き金となったのが第一次世界大戦であった。

第二章　混乱する世界——実存

本質と実存のあいだで　一九一四年は、二八歳になったティリッヒにとって公私両面で重大な意味をもつ。ティリッヒは、夢みる楽園から欲望の渦巻く修羅場への移行、また理想的な本質から醜悪な実存への移行を経験する。ティリッヒの青春時代はドイツ帝国の全盛期と重なり、ドイツ国民は文化的にも経済的にも世界に冠たるドイツ帝国を誇りとしていた。それゆえ第一次世界大戦が勃発したとき、愛国心に燃えたドイツの青年たちは喜び勇んで戦場へおもむいたが、ティリッヒもその一人であった。

ティリッヒは従軍牧師に任命され、西部戦線に出動し、激戦のさなか塹壕や洞窟の中で礼拝を司式した。これまで大学という温室で純粋培養されてきたティリッヒは、はじめて醜悪な生や残酷な死に直面した。当時、ドイツ軍は数ケ月戦闘に従事すると、次の数ケ月休暇をとるという方式で戦争を続行していた。一九一六年二月、ティリッヒの属する師団はフランス東北部のヴェルダンで激戦を展開したので、ティリッヒは集団埋葬を司式する生活を強いられたが、六月には師団は戦線を離脱したので、ティリッヒも七月ハレ大学へ戻り、論文を提出し、神学部の私講師となった。

しかし再び動員されたティリッヒは、一九一六年一〇月、北部フランスのシャンパーニュで戦死者を埋葬したが、その残酷さのために精神は限界状況に達し、発狂寸前になっていた。その時フランスの森の中で読んでいたニーチェの生を肯定する態度に接し、ティリッヒは自分の中にあった偽善的な秩序が崩れて行くのを感じた。さらに一九一七年の暮、哲学を一生の職業とするか否か決めかねていたティリッヒは、「信仰を通して神の恵みによって義と認められる」というキリスト教固有の思想を拡大解釈し、知的に神を疑う者も、存在の自己肯定（恵み）によって非存在（罪）の脅威（疑い）を克服できるという「神なき信仰」（パラドックス）に到達した。これはティリッヒの迷いを解決すると同時に、最高存在者という伝統的な神の代りに、非存在（無）即根源的存在という新しい神の啓示をも意味した。

さて軍務に精励していたティリッヒは、一九一八年六月第一級鉄十字章を授与されたが、一一月第一次世界大戦はドイツの敗北で終結した。荒廃した祖国に復員したティリッヒが見たのは、革命のために蜂起した労働者であった。しかしティリッヒは貴族、軍隊、教会という搾取階級を打倒しようとするプロレタリアートに共感を覚えた。四年間にわたる第一次世界大戦は、ティリッヒを素朴な帝政主義者から宗教社会主義者へ、またキリスト教の信仰者から懐疑主義者へ変身させていた。

破壊と創造のあいだで　一九一九年一月一日、除隊したティリッヒは、一九二四年までの六年間、不安と混乱の渦巻くベルリンで過すが、カンデンスキーやポール＝クレーという表現主義の画家たちや、ブレヒトやリルケなどの文士や詩人が活躍し始めた戦後のベルリンは、極貧のなかにも祖国再建の活力がみなぎっていた。

一九一九年一月ティリッヒは、私講師の資格をハレ大学からベルリン大学へ移して、「キリスト教と現代の社会問題」という学際的な講義を開講したが、戦争体験のある三〇名ほどの聴講生は、みなティリッヒの学際的講義にも社会主義にも好意的であった。ティリッヒは宗教と政治、宗教と哲学、宗教と深層心理学、宗教と社会学という学際的主題について全力投球の講義をしたが、聴集との質疑応答を通して、創造的な成果を生む教室は霊感の場となった。後年アメリカでティリッヒは好んで講演をしたが、それはティリッヒにとって一つの創作の場でもあったのである。反面、ティリッヒは稀有の読書家で、評判となった新刊書を読破して、その中から得た概念を使用して自己の体系を構築し始めた。

一九世紀の保守的伝統の破壊と二〇世紀の新しい創造性の境界線上で思索するティリッヒをさらに創造的な混沌の中に投げ込んだのは、その結婚であった。話は多少前後するが、第一次世界大戦が勃発する直前の一九一四年春、ティリッヒは妹ヨハンナの夫フリッツが牧師をしていたブッターフェルデに滞在していたが、近くの湖でマルガレーテ（グレティ）＝ヴェーバーに出会った。グレティはティリッヒより二歳年下であったが、その風変りな性格や妹ヨハンナに似た形姿に惹かれて、ティリッヒは一九一四年九月二八日彼女と結婚した。しかし同年八月にすでに始っていた第一次世界大戦にティリッヒが出征すると、二人の仲は疎遠になり、そのうえグレティの自由奔放な行動が破局の原因となり、一九二一年二月二一日ティリッヒは彼女と正式に離婚した。すでに言及したティリッヒの友人ヴェゲナーがメフィストフェレスの役を演じたのであるが、ティリッヒは破壊と創造、悪霊とエロースを統合するボヘミアンの生活、ブルジョアジーの価値体系を根本から揺さぶるボヘミアンの生活へ耽溺していったのである。

話は再び多少前後するが、一九二〇年一月五日、産褥で死んだ妹ヨハンナを偲んで鬱《うつ》状態に落ち込んだティリッヒを見るに見かねて、牧師エアハルト＝ゼーベルガーの妻となった下の妹エリザベートは、同年二月、仮装舞踏会（マルディ・グラス）への出席を兄にすすめた。この舞踏会でティリッヒは一〇歳年下の美少女、ハンナ＝ヴェルナーに出会った。自分と美術、詩、哲学を論じ合える美少女の名がヨハンナであることに運命的なものを感じたティリッヒは、多くの困難を克服して一九二四年三月二二日ハンナと結婚した。しかし母と妹の面影を求めるティリッヒと自我の強いハンナの結婚生活は、調和と葛藤の間を揺れ動いた。

理論と実践のあいだで　戦後の社会的混乱の中でティリッヒは、一九一九年四月、「文化の神学の理念について」と題する画期的な公開講演をベルリンのカント協会で行った。ティリッヒは、信仰、祭祀、教会という宗教固有の機能と科学、芸術、国家という文化固有の機能との相関論に基づいて、宗教は文化の中で他の諸領域と並列される特殊な領域を形成したり、特殊な機能を担うのではなく、生の諸機能を支える存在の深み・根源的意味（内的実質）であると主張した。同様に神は他の諸対象（存在者）と並ぶ対象（最高存在者）ではなく、存在の深みなのである。こうして「宗教は文化の実体（Gehalt）であり、文化は宗教の形式である」というティリッヒ神学の核心が形成された。

理論的に父ヨハネスの正統的神概念を克服したティリッヒは、実践的にも父の立場の克服を試みた。すなわち国家主義、民族主義、軍国主義と密接に結合している近代のキリスト教会に対して、イエスの愛の倫理の中に生活の規範を見出す真の教会は、資本主義と軍国主義を克服して社会主義を取り入れるべきである。なぜなら現代というカイロス（好機）においては、無制約者（存在の深み）を表現するために、社会主義という制約された形式の使用が要請されているからである。もちろん社会主義体制と神の国は全く異なるが、特別の時（カイロス）においては、社会主義に対して決断することは、神の国に対して決断することだからである。

それゆえ一九一九年の春、ティリッヒは極左系の独立社会党の集会で講演し、社会主義とキリスト教の統合を通して疎外のない社会を建設することを説いた。また同年九月には、ドイツのタンバッハで開かれたヨーロッパの宗教的社会主義者会議で講演したが、三人の講演者の一人はラガツの代理として出席したカール＝バルトであった。さらにティリッヒは「カイロス・サークル」に参加し、次第にその理論的指導者になって行ったが、参加者の中にはエトワルト＝ハイマンやアドルフ

＝レーヴェなど後に大学教授になり、ティリッヒと深い友情で結ばれた人達が大勢いた。「カイロス・サークル」の参加者は、敗戦がもたらした諸問題の中に時代の徴しを読み取り、敗戦こそ根本的な革新の地盤を準備した出来事であると確信した。ちなみにカイロスは「時満ちて」生まれたキリストが世界史によって準備された適時（kairos）に生起した出来事であり、世界史の意味であったように、当時のドイツは、社会主義という形式のもとで、存在の深み（根源的意味）が新しいものを創造する好機であることを意味する。こうしてティリッヒは、存在の深み（無の深淵）の中に畳み込まれていた存在の根源的意味が、時満ちてキリストの出来事として歴史の中に生起した事実に基づいて、存在の深み（根源的意味）とキリストの出来事を同定し、キリスト教固有のカイロス概念を拡大解釈し、宗教と文化、理論と実践の統合を試みたのである。

その成果は、一九二六年に出版された『カイロスとロゴス』として結実するが、宗教的真理は、哲学的本質直観と異なり、存在と非存在、生と死の闘争と、自由と運命の統合から生まれる実存的真理であり、これが後述するようにフッサールの純粋直観の現象学とティリッヒの批判的現象学の差異となる。存在自体がカイロスにおいて自己を実現する処（キリストの出来事）では、人間の限界状況が自覚され、正義と愛への献身が生れるので、潜勢的（隠れた形）ではあるが、真の教会が形成される。これが宗教社会主義の本質であり、また歴史を超越するイデア界で歴史主義の克服を試みたトレルチに対して、ティリッヒが批判的であった理由である。

聖の経験と表現主義　一九二四年の春、ティリッヒはハンナと結婚し、マールブルク大学へ赴任した。病気がちなルドルフ＝オットーの代役を務める宗教学の員外教授となったのであるが、マールブルクはティリッヒの学問的立場を確立する場所となった。当時のマールブルクの神学生の大半は、新正統主義のバルトの影響下にあり、ベルリンの神学生と異なり、文化と宗教、哲学と神学を統合するティリッヒの自由神学には批判的であった。

そのうえ後に聖書の非神話化論を提起した新約学者ルドルフ＝ブルトマンと二〇世紀最高の哲学者となったマルティン＝ハイデガーは、ともにマールブルクでその学問的経歴を始めたばかりであり、ティリッヒも自分の地位を確立するために揮身の力を傾けたのである。ティリッヒは最初の一年間、宗教哲学とプロテスタント神秘主義について講義したが、翌年にはティリッヒ畢《ひっ》世の仕事となった「神学と哲学の相関論」について講義し始めた。ティリッヒがマールブルクで着手した『組織神学』は、四半世紀後の一九五一年、その第一巻が出版され、今世紀最高の神学作品の一つとなった。

ここでティリッヒ、オットー、バルト、ハイデガーの関係について少し言及しておこう。ティリッヒは音楽を愛した父に反抗するために絵画を好んだが、すでに言及したように第一次世界大戦中、ボッティチェリーの画の前に立ったとき、画題（Inhalt）とは別の根源的意味、存在の深み、究極の関心（Gehalt）によって捉えられた経験をした。ところがムンクやゴッホやルオーなどの表現主義運動に属する画家たちも、外的形式を突き破って、その中に潜む超越的な実在、存在の深み、根源的意味を表現しようと試みていた。さらにオットーの「聖なるもの」も人間の言葉では表現できない秘義的神性（numen）であり、絶対他者としか表現するより仕方なかった。そのうえ表現主義は、芸術作品の深みが表現形式を突き破って、存在の新しい局面を啓示する脱自的な創造行為を指示するので、啓示の本質の理解に役立つ。

他方、初期バルトも神を絶対他者と表現したが、これは堕落した人間は神の啓示以外に神を知る方法がないことを意味した。つまりバルトの神は、実存の自己超越によって到達できる世界の形而上学的根拠（キルケゴールの宗教性A）とは別の始源（キルケゴールの宗教性B）を意味し、堕落した人間は、神から完全に切り離されているので、救いの神（宗教性B）からの語りかけがなければ、神への道は塞《ふさ》がれていることを意味する。ところがティリッヒは、堕落した実存は存在根拠（神）から切り離されているが、その本質においては神と結合しており、宗教性Aを保持するので、人間は神を求めると説く。しかしティリッヒの場合も、窮境に陥った実存の問いに答える救済神は宗教性Bの神であり、哲学者の神と救いの神の関係は曖昧で、同一性と差異性の同一性としか表現できない。

さてハイデガーによれば、われわれが日常経験する最も直接的な形は、自己自身に対して無関心な生き方である。したがって実存の本来的あり方（実存の自己超越）において開示される存在根拠すら日常の生活においては隠蔽《いんぺい》されている。ところが実存の自己超越・自己救済までもさらに無の深淵によって呑み込まれて挫折し、古典的な存在根拠が深淵の中に沈むとき、深淵は根源的存在

（めぐみ）すなわち人間の応答を期待する存在の呼びかけとして自己を開示する。これがハイデガーの転回（Kehre）であり、ティリッヒの実存の問いと啓示の答えの相関論は、存在の意味を問うハイデガーの存在論と構造的に呼応する。

さらにバルトの『ロマ書』も表現主義によって影響されており、表現主義を比較の第三項として、バルト、ティリッヒ、ハイデガーは呼応する。しかしバルトの神がユダヤ教の天の父なる神、三位一体の神であるのに対し、ティリッヒとハイデガーの根源的存在・存在の深みは、母なる大地や海（深淵）の信仰に根差すので、この三者の関係は複雑である。

バルト（1886〜1968）

文化と宗教のあいだで　宗教と文化の学際的研究を続けていたティリッヒに、運命は遂に微笑んだ。当時、ドレスデン工科大学に新設された人文学部の中心的教授の中にリチャード＝クローナーがいた。大著『カントからヘーゲルへ』によって日本でも著名になったクローナーは、ティリッヒのシェリング論と『対象と方法にしたがった諸学の体系』に感銘して、宗教学の正教授としてティリッヒを推薦した。ティリッヒはギーセン大

ティリッヒが築いた砂の城

学の神学部からも招聘されたが、田舎町のギーセンよりも大都市のドレスデンを選んだ。

一九二五年の夏、北海のジルト島で休暇を過したティリッヒは、午前中は海岸で巨大な砂の城を築いて体調を整え、午後は執筆に没頭し、夜は芸術家や文化人と社交に過すという毎日を送った。また同年秋から五年間滞在したドレスデンも自然に囲まれた美しい文化都市で、美術館や音楽大学を擁し、社交の場に事欠くこともなかった。ティリッヒの教室に溢れた多くの聴集は、文化集会や社交場でティリッヒを知り、その魅力に惹かれて集った市民であった。ティリッヒは広い世界に対してキリスト教を擁護する弁証学を教えたが、学生の中には後にドイツ語版のティリッヒ全集を編集したレナーテ＝アルブレヒトがいた。ティリッヒの弁証学的神学は、キリスト教神学を学問論一般の枠組みの中で論ずる非教義学的神学、学際的神学であったが、その名声は高まり、一九二五年一二月、ハレ大学は名誉博士号をティリッヒに授与した。

一九二六年二月、長女エルトムーテが生れたが、現代絵画で飾られたアパートで、ティリッヒは訪問客と経済学、美術史、精神分析学について語り合った。特に当時ドレスデンで舞踊学校を主宰していたマリー＝ウィグマンとの交友はティリッヒにとって学問的霊感となった。ダンスは自己を表現する手段、表現主義の芸術であったが、個々の律動と全体の律動の神秘的合一を本質とする現代舞踊は、個別化と参与を統合し、存在の深み（聖）を表現するので、ティリッヒは「宗教は文化の実体であり、文化は宗教の形式である」という自己の主張の正しさを再確認した。人間の身体は自然や文化的環境との律動的な調和の中に躍動しているので、リズムや脱自は実体と同様に根源的であり、脱自を本質とする宗教は他の領域を支える根底（存在の深み・実体）なのである。しかしティリッヒは、神を無制約的なもの、信仰を究極的関心と定義したので、非キリスト教的であると批判されたし、また自分も神学の主流から遠ざかっていると自覚したので、非常勤の教授としてライプチヒ大学で一九二七年から三年間、組織神学を教えた。

ドレスデン工科大学在職中の最大の収穫は、一九二六年、親友エッカルト＝フォン＝シドーとパリで休暇を過している間に、神自身の中に包み込まれている非合理的な暗闇、すなわち神に反抗する魔的なもの、悪魔的なものについて、シェリングの影響下に論文を完成したことである。この論文に基づいて、ティリッヒは一九二八年スイスで開催された「ヨーロッパ会議」でマックス＝シェラーと運命的な討論をした。ティリッヒは破壊（無の深淵）と創造（存在根拠）、すなわちシェリングの第一勢位と第二勢位の視座から魔性や人格の分裂について論じたが、魔的なものはティリッヒ固有の性格でもあり、これが彼をドイツ観念論的な本質主義から解放し、彼の思想を豊かにした。

他方、シェラーもカトリック教会のニーチェと言われ、オスカー＝ワイルドの『ドリアン・グレーの肖像』を彷彿させる奔放で悩める魂であった。ところがシェラーは、一九二八年五月、五四歳で急死し、シェラーに約束されていたフランクフルト大学の哲学教授の職にティリッヒは就任した。

学際的討論　一九一四年に創設されたフランクフルト大学は、商工業の中心地に相応しく、ユダヤ人系の大学で、その左翼的な社会学部は日本でも有名であった。四三歳になったティリッヒは、自由の気風の漲《みなぎ》る綜合大学で哲学と社会学の正教授となり、一九二九年六月、「哲学の運命」と題して就任講演を行ったが、熱狂的な学生たちで教室は溢れた。ティリッヒはすべての学生を公平に扱ったが、優秀な学生には特別な指導をしたので、その一人テオドール＝アドルノーは彼に心酔し、彼の許でキルケゴールの美学について博士論文を完成した。さらにユダヤ人排斥運動が盛んであったにも拘らず、ティリッヒはユダヤ人のマックス＝ホルクハイマーを社会科学研究所の所長に就任させるために奔走した。

またフランクフルト大学では、医学、哲学、社会学の教授たちは、お互いの演習に出席したり、共同演習を行ったりして、学際的な討論をした。ティリッヒは、クルト＝ゴールドシュタインから有機化学や生物学の知識を得たが、それを『組織神学』第三巻で使用した。さらにアデマール＝ゲルプから実存的精神療法の意味について学んだが、ゴールドシュタインもゲルプもゲシュタルト心理学の代表者であった。

フランクフルト大学在職中、ティリッヒは二つの学際的研究会に参加したが、両者ともティリッヒの思想形成に重要な役割を果した。第一の研究会は、ギリシア文献学者ヴァルター＝オットーや法学者ヘルマン＝ヘラーを中心にして学問における真理の問題を討論した。第二の研究会は、ティリッヒを中心に、ホルクハイマーやレーヴェなどを構成員としたので、議論は白熱し夜更けにまで及んだ。このようにしてティリッヒの名声は高まり、多くの公開講演を依頼されるようになったが、油の乗り切ったその活動も、ナチスによって突如中断される運命に見舞われた。

社会の混乱と神の摂理　一九二〇年代のティリッヒは、自己の宗教社会主義理論を彫琢していたが、実践活動を回避して来た。しかしヒトラーが政権を手中にする可能性が濃厚になってきたので、一九二九年ティリッヒは反対勢力である社会民主党に入党した。とはいうものの、ティリッヒはなお理論と実践の間で態度を決めかね、反ナチス的な政治運動に積極的に参加するわけではなかった。たしかにティリッヒは、一九三二年四月ヘルマン＝シャフトと連名でベルリンのヴィンゴルフ会支部へ公開書簡を送り、左翼的なキリスト者を差別するヴィンゴルフ会の方針を批判した。また同年『社会主義的決断』を完成し、ヒトラーの勝利はヨーロッパを戦争に巻き込む危険があり、ヨーロッパを破壊から救うために社会主義を擁護する決断をすべきであると説いた。しかしなお出版をためらっているティリッヒに『社会主義的決断』の出版を決意させる事件が起った。

一九三二年七月ティリッヒがフランクフルト大学の哲学部長であったとき、ナチスの突撃隊員やヒトラー支持の学生たちが左翼学生やユダヤ人学生に暴行を加え、負傷させる事件が起った。ティリッヒは左翼学生とユダヤ人学生を公然と擁護し、ナチス党員の学生を大学から追放することを要求したが、すべてはもう手遅れであった。一九三三年一月三〇日、大統領ヒンデンブルクはヒトラーを連立政権の首相に任命し、同年三月二一日、帝国議会の議決によりヒトラーは合法的に独裁的な権力を手中に収めたからである。ティリッヒの『社会主義的決断』は一九三二年一二月出版されたが、ヒトラー政権によって直ちに発売禁止の処分を受けた。さらに一九三三年三月「フランクフルト新聞」は二度にわたって論説を掲載し、フランクフルト大学はユダヤ人色が濃く、反ドイツ的であると主張し、その親玉としてティリッヒを名指しした。そのうえ同年四月一日ナチス突撃隊はフランクフルト大学を占拠し、マルクス主義者やユダヤ人の教授と学生の追放を要求した。

さらに一九三三年四月一三日、新聞は反国家分子のユダヤ人と左翼的文化人のリストを公表したが、その中にはエルンスト＝カッシラー、アルバート＝アインシュタイン、ワシリー＝カンデンスキー、トーマス＝マン、ブルーノ＝ヴァルターなどの著名人とともにティリッヒの名前も含まれていた。ティリッヒは四月一三日停職処分を受けたが、その後一〇年間にドイツ全体で三一三名の正教授、三〇〇名の員外教授、三二二名の私講師が大学から追放され、また逮捕、拷問された。レーヴェやホルクハイマーはユダヤ人だったので、身の危険を感じ、三月スイスに脱出した。ところがティリッヒはヒトラー政権は長く続かず、やがて自分は復職できると甘く考えていた。しかし五月一〇日、反体制主義者への見せしめとして『社会主義的決断』が焼却されるのを目撃して、復職の望みの断たれたことを悟らざるを得なかった。

その頃、アメリカの諸大学では、ナチスによって追放された学者たちに門戸を開こうという気運が高まり、ニューヨークのユニオン神学校とコロンビア大学はティリッヒを招聘する決定をし、ユニオン神学校の教授たちは自分たちの給料の五パーセントを割愛して、その費用に当てた。絶望の淵に沈んでいたティリッヒの許に、彼の招聘に尽力したラインホルト＝ニーバーからの手紙が届いたのは、七月のことであった。

第三章 新しい大地——生

不安と勇気のあいだで ドイツへの未練を捨て切れず、不安な心を抱いてニューヨーク埠頭に到着したティリッヒ一家を旧友のエトワルト＝ハイマン夫妻やニーバー夫妻が出迎えてくれ、アメリカでの生活は始った。しかし四七歳になったティリッヒにとって、英語を習得することは困難であり、一九三四年一月、初めて英語で講義したが、誰も理解できないほど英語の発音がひどかった。それでもティリッヒを理解しようと努力したアメリカ人の学生や教授たちの好意によって、ティリッヒはなんとかアメリカでの学問的経歴を全うすることができたのである。ティリッヒは英語の学習に専念する傍ら、ニューヨーク市を探訪し、美術館の立派さに感嘆したが、それ以上に難民たちを暖《あたた》かく受け容れるアメリカ人の寛大さに深く心を打たれた。

しかしフランクフルト大学教授解任の通告を受けとった時、ティリッヒは完全に打ち拉《ひし》がれてしまった。マールブルク以来暖めて来た『組織神学』を、何の地位も保証されていない異国で、しかも未熟な英語で出版する自信が全くなかったからである。ところが神の恵みは人間の不安を克服し、一九三四年五月、ティリッヒの客員教授の任期は一年延期された。祖国への郷愁と将来への不安の中で死の陰の谷を歩いていたティリッヒは、神の約束を信じて独り異国へ旅立ったアブラハムの信仰をいよいよ堅固にしていった。

新しい大地に適応できず、不平不満の毎日を過す多くの難民のなかでティリッヒが成功したのは、自己の生をあるがままに肯定する勇気をもっていたからである。ドイツにおける地位と栄光を失ったティリッヒは、四七歳にもなって再び非常勤の客員教授から始めねばならなかったが、ティリッヒは、この運命を潔く受け容れ、自己の運命を切り開くために渾身の努力を傾けた。この時の経験が一九五〇年、エール大学でのテリー講義となり、名著『存在への勇気』に結実するが、そのなかでティリッヒは、信仰とは無の脅威を克服する存在自体（神）の自己肯定に基づいて、人間が無意味さと不安を克服する勇気であり、人間が存在自体によって受容されている事実を受容する勇気であると説く。ティリッヒ神学は、聖書とは異なる表現形式を使用するが、聖書に深く根差した神学であり、これが学際的神学、哲学的神学の本質なのである。

一九三四年末までに、ニューヨークの新社会学研究所にエトワルト＝ハイマン、アドルフ＝レーヴェ、コロンビア大学にテオドール＝アドルノー、マックス＝ホルクハイマー、クルト＝ゴールドシュタインなどフランクフルト時代の友人たちが職を得て、ニューヨークでもティリッヒを中心に討論会を再開した。他方、不況の真只中にあった一九三〇年代のアメリカで特殊技能を持たない一般難民の就職口を探すのは困難だったので、ティリッヒは難民の自助会を結成し、その会長を一五年間も務めて、難民たちを助けた。「過去を忘れ、未来を目差して進め」と説くティリッヒによって勇気づけられたユダヤ系の難民たちは、ティリッヒの著作の愛読者となり、ティリッヒの成功を陰で支えたのである。

哲学と神学のあいだで　ティリッヒは、ユニオン神学校の客員教授から準教授になるのに四年かかり、準教授から正教授に昇進するのに、さらに三年かかった。英語力の不足が主な原因とはいえ、このように遅い昇進は、第一流の学者を自負するティリッヒにとって屈辱であったろう。しかし当時のアメリカ哲学の主流は実用主義、論理実証主義、言語哲学であり、ドイツ観念論は傍流であった。それゆえコロンビア大学の哲学科は、ティリッヒは神学校の教授が適任だと考えていた。他方、当時のアメリカの神学者たちは、伝統的なキリスト教神学と異なるティリッヒの哲学的神学を否定的にしか評価しなかったのである。

このような逆境にも拘らず、ティリッヒはコロンビア大学では「プロテスタント主義と文化」、「ドイツ古典哲学」を教え、大学院では哲学者ジョン＝ランデル二世と「神話と象徴」について共同研究を行い、哲学と神学の隔りを克服しようと努力した。特に神話と象徴についての学際的研究は、一九六〇年代から七〇年代にかけて、シカゴ大学神学部でティリッヒの後任教授となったポール＝リクールによって完成され現代哲学の主要テーマとなったので、ティリッヒは四〇年も先を歩いていたことになる。

ティリッヒは、ドイツでは個人主義の生活を楽しんだが、ユニオン神学校では愛の交わりに根差す共同体の中で生活した。自由主義神学は、キリストの愛をキリスト教の本質と理解し、ラインホルト＝ニーバーは社会倫理と神学を同定した。しかしニーバーは楽天的な自由主義神学には批判的であり、この世では正義を完全な形で実現することは不可能であると主張して、生の両義性、曖昧さを説いた。この生の曖昧さは、罪に根差す人間の矛盾に基づき、ティリッヒの『組織神学』第三巻の基調となった。ティリッヒの神学は、本質的には新正統主義の立場に近いが、ティリッヒは聖書の罪概念を理解するためにギリシア哲学、ドイツ観念論、深層心理学、実存主義を導入し、神学と哲学の相関論という自己固有の道を開拓していった。

ティリッヒの後任教授となったポール＝リクール

ユニオン神学校の学生たちは、現代科学の成果と現代人の関心を相関させるティリッヒの学識に驚嘆し、また信仰と懐疑の間を揺れ動くティリッヒの生の中に自分達の生の反映をみて、ティリッヒへの傾倒を倍加させた。プラトン、プロティノス、アウグスティヌスの伝統に立って、ドイツ観念論と実存哲学を統合したティリッヒ神学は、自由主義神学や社会的福音が主流であった当時のアメリカにおいて、諸学の王としての神学の貫禄を示した。一九三五年ティリッヒは自伝的名著『境界に立ちて』を出版し、哲学と神学の学際的研究の可能性を示したのでその評判は高まり、一九三七年、ユニオン神学校は哲学的神学の講座を新設し、三年間の契約でその準教授にティリッヒを任命した。

アメリカとヨーロッパのあいだで　ティリッヒ神学は、福音を広い世界に対して擁護する弁証学の系譜に属するが、弁証学にとって大切な条件は鋭い時代感覚である。ティリッヒはユニオン神学校の学生達との対話を通してアメリカ精神に触れたが、三つの方法を通して、その知識を拡大、深化させた。第一の道はアメリカ諸州の講演旅行であるが、当時アメリカ哲学会会長であったコロンビア大学のフリースは、哲学の講演会をティリッヒのために各地に準備し、ラインホルト＝ニーバーはアメリカ諸州の教会や政治団体にティリッヒを紹介した。他方、当時シカゴ大学連合神学部教授で、ベルリン時代のティリッヒの学生であったウィルヘルム＝パウクはその案内役となった。ティリッヒはシカゴ、ニューオルリーンズ、サンフランシスコを訪れ、グランド・キャニオン、アリゾナの砂漠、カリホルニアの美しい町カーメルの芸術家コロニーに深く感動した。こうしてアメリカの広大な大地はティリッヒの血肉となっていったが、研究会の旅の途上で、一九三五年六月七日、長男ルネ＝ステファンの誕生の報を耳にした。

ティリッヒがアメリカ精神に触れた第二の道は、東海岸の一流大学の教授達の中から選抜された二五名の哲学者を構成員とする「哲学クラブ」の会員となり、当時のアメリカの最高の頭脳との対話の場を与えられたことである。さらにアメリカ文化をティリッヒに紹介した第三の道は、約三〇名の会員を擁する若手神学者の集会における講義であった。各地に散った彼等がアメリカを代表する神学者に成長するとともに、彼らの師であるティリッヒの名声もアメリカ全土に滲透して行った。この若手神学者の集会で、ティリッヒが世界の現状分析をしたとき、聴集の中にJ・H・オーダムがいた。オーダムは一九三七年、オックスフォードで開催される世界教会会議の組織委員であり、ティリッヒを準備委員に委嘱したので、ティリッヒは一九三六年の春から夏にかけて、約半年間、ヨーロッパを訪問した。

当時、ヒトラーはアルサス・ローレンをフランスから奪回し、第二次世界大戦への道を着々と準備していた。ヨーロッパ全体を覆《おお》っていた無気味さを肌で感じたティリッヒは、ヒトラー台頭の原因となった大衆の崩壊と意味の喪失について、英国で講演した。ティリッヒは、スイスのバーゼルでは、ヒトラーに抵抗した告白教会の理論的指導者カール＝バルトと語り合い、ジュネーブでは世界教会会議の準備委員会で公然とヒトラーを批判した。しかしティリッヒは世界教会会議では影響力を持たなかった。なぜなら教会と社会を調停するティリッヒの立場自体がヒトラーと戦っていた当時の教会の体質に合わなかったからである。ティリッヒの弁証学的神学は、社会が自己の抱える問題の解答を教会に求める平和な時代には通用するが、この世がキリスト教会に敵対している非常時には、この世に挑戦するバルトの宣教の神学の方が有用である。弁証学は、社会の攻撃から福音を擁護する受け身の神学であり、福音のもつ積極性を欠く。それはともあれ、ティリッヒはジュネーブからドイツの父親に電話したが、これが二人にとって最後の会話となった。

戦争と平和のあいだで　一九三九年九月一日、ヒトラーのポーランド侵攻の報に接し、精神的に動揺し、危機的状況に陥ったティリッヒは、平衡感覚を取り戻すために学問に励んだが、翌年六月、エール大学は名誉博士号をティリッヒに授与し、九月ユニオン神学校はティリッヒを正教授に任命した。こうしてヨーロッパが混乱と崩壊の渦中にある間に、ティリッヒは新しい大地で自己の地位を不動のものとしていった。神の摂理を深く悟ったティリッヒは、この時以後アメリカを第二の故郷とし、ドイツの諸大学から戦後舞い込んだ多くの招聘を一切断った。

第二次世界大戦中ティリッヒは、アメリカ情報局の依頼を受け、ドイツ向けの放送「アメリカの声」の原稿を百回以上も書いた。ティリッヒは、ユダヤ人を迫害し虐殺したナチス体制の不正を指摘し、ヒトラーに対する抵抗をドイツのプロテスタント教会に訴えた。ティリッヒは第一次世界大戦後、社会主義への機（カイロス）が熟したように、今こそ世界正義を再建する適時（カイロス）であると確信した。既述のようにカイロスは、歴史の中に臨在する根源的意味（神）によって創出される危機（カイロス）を意味し、水平に流れる時間（クロノス）の中に垂直に切り込む永遠が歴史の意味を開示する時（カイロス）を意味する。それゆえドイツ全土が破壊される可能性が濃くなると、ティリッヒは、ブレヒトやハインリッヒ＝マンなどのアメリカ在住のドイツの文化人たちとドイツ再建計画協議会を結成し、ドイツの工業生産力と民主的秩序の再建策を提案した。しかし共産党員やユダヤ人を含む協議会は、反ナチス以外では意見の一致を見出せず、折角のカイロスもむなしく消え去ってしまった。

そのうえ一九四五年、ティリッヒは親共産主義的、親ドイツ的であり過ぎるとアメリカ陸軍省から誤解されたので、政治の舞台からの撤退を余儀なくされた。ティリッヒは、第二次世界大戦の終焉を性格づけるのは創造的なカイロスではなく、聖なる空虚（vacuum）、「待つ時」であることを悟ったが、この事実は二つの重大な結果を伴う。第一にカイロス的歴史観からフィオーレのヨアキムやヘーゲルによって代表される精神（霊）への力点の移行、第二に、過去、現在、未来を統合するカイロス（根源的時間）として自己を実現する深淵、悪魔の棲家と理解された意識の深層、つまり過去、現在、未来と発展する弁証法的運動を自己の中に畳み込んだ深淵の研究である。

イースト・ハンプトンのティリッヒの別荘

話は多少前後するが、ティリッヒは一九四三年以来、数年間、ニューヨークに近いロング・アイランドのイースト・ハンプトンで夏休みを過したが、近くの海や芸術的雰囲気を好み、この地に別荘を購入した。ここでティリッヒは午前中『組織神学』の執筆に専念し、午後は海岸を散歩したり、来客と会談した。この別荘でティリッヒはドイツの敗北を知ったが、破壊し尽された祖国で飢餓に苦しむ友人や家族の安否を気づかい、暗澹となった。その折も折、ロックフェラー財団と世界教会奉仕会から財政的援助を受けたので、ティリッヒは一九四八年五月から九月までヨーロッパを訪問した。ティリッヒは、ルーブル美術館で絵画を鑑賞するかたわら、バルトなどの旧友と意見を交換した。また廃墟と化したフランクフルトでは「愛、力、正義」「新存在」「組織神学」を講義したが、これらは全部、名著として結実した。

マールブルクで宗教学者フリードリヒ＝ハイラーと昼食していた時、近づいて来た見知らぬ婦人が、暫くして妹のエリザベートであると解り、大喜びした。別れ際に、何か欲《ほ》しいものがあるかと尋ねたティリッヒに、妹が求めたものは一本の櫛だけであった。また旧友たちとの出会いを通して、ティリッヒはナチスに協力した者を裁くのは建設的でないという確信を深めた。その結果、ティリッヒはエマニュエル＝ヒルシュと会ったが、親ナチスという理由で追放されていたヒルシュは、盲目になったにも拘らず精力的に著作に励んでおり、ティリッヒは深く感動した。さらに焼野原となったベルリンでは四〇〇人の聴集を前に講演し、数十人の旧友達に会った。このように熱狂的な歓迎を受けたティリッヒを、ベルリン自由大学、マールブルク大学、フランクフルト大学、ハンブルク大学は教授として招聘したが、ティリッヒのアメリカに留まる決意は揺るがなかった。

深層心理学と神学のあいだで　ドイツで名声を博したティリッヒは、ヨーロッパ各地で講演の依頼を受けた。さらにアメリカの精神的風土もティリッヒの思想を受容するまでに成熟したので、ティリッヒの名声は高まり、講演の依頼は絶えなかった。長い間、寒さに耐えて来た蕾《つぼみ》が一挙に開花した感があった。ティリッヒは一九四八年から一九六三年にかけてアメリカ各地で講演し、その講演に基づいて多数の名著を出版したが、その嚆矢が『プロテスタントの時代』であった。これはドイツ時代に発表した神学と哲学の論文を、当時シカゴ大学神学部教授であったジェイムス゠アダムスが編集、翻訳したものであった。プロテスタントの時代は終ろうとしているのかという問いに対して、ティリッヒは、教会という枠を越える広い世界で、相対的なものの絶対化を否定するプロテスタント原理、すなわち預言者的な批判精神は残ると答えた。『プロテスタントの時代』は大成功で、アメリカにおけるティリッヒの学問的な地位を不動のものとした。

一九五〇年代になると、アメリカでは実存的心理分析（現存在分析）が脚光を浴び、キルケゴールの不安の概念やフロイトの「リビドー」（根源的欲望）の概念が見直されるようになった。長い間、育《はぐ》んで来たフロイトへの関心が甦り、ティリッヒの関心は社会主義から魂の癒しへと移行し、カレン゠ホーネイ、エーリッヒ゠フロム、ロロ゠メイと親交を結んだ。ティリッヒは、神学と深層心理学との学際的研究に基づいて、キリスト教の罪の赦しを「受容されること」「自己受容」と解釈した。そして死、運命、無意味さという不安によって脅かされているにも拘らず、生きる勇気をもつことが絶対的信仰であると説いた名著『存在への勇気』（一九五二年刊）は、全米のベスト・セラーとなった。

しかし宗教社会主義を説いた時、ティリッヒは完全なマルクス主義者とならなかったように、今度もティリッヒは完全なフロイト主義者となったわけではなかった。マルクスとフロイトは、それぞれ労働と性において実存の自己疎外のメカニズムを解明する限り、キリスト教の罪概念と呼応する。しかし神経症による不安は治療可能であるのに対し、実存的不安（罪）は治療不可能であり、それを克服するためには存在自体（真の神）に自己を委ねる勇気、つまり絶対的信仰が必要であるとティリッヒは主張した。罪人と同様に疑う者も義と認められるように、存在への勇気は、正統神学の神（最高存在者）が懐疑の深淵に姿を隠すとき現われる存在自体（無の深淵）、つまり最高存在者の人格神を超える存在自体（神を超える神）の自己肯定を受容して、人間が自己を肯定することである。これはルターの「罪人であると同時に義人である」という真理を神概念に適用したものである。このような拡大解釈は、広い世界に対してキリスト教を擁護する弁証論としては意味があるが、ティリッヒ神学が聖書を対象とする特殊科学としてのキリスト教神学の枠組みから食み出すことも明白である。

名声のなかで　一九五一年の夏、ティリッヒは再びドイツを訪れ、各地の大学で講義したが、そのため同年その第一巻が出版された『組織神学』の完成が遅れることは明白となった。それゆえユニオン神学校長ヘンリー＝ヴァン＝デゥーセンは、アバディーン大学と連絡を取り、一九五三年と五四年のギフォード講義に『組織神学』第二巻と第三巻の骨子を講義できるように取り計らった。しかし『組織神学』は簡単には完成しなかった。一九五一年秋、ヴァージニア大学で、リチャード講義を行ったが、これは『聖書的宗教と究極的実在の探究』として結実し、一九五五年、シカゴ大学出版部から出版された。また一九五二年五月、英国のノッティンガム大学、その後、ヴァージニア州のユニオン神学校で行った講義は、一九五四年、『愛、力、正義』に結実し、オックスフォード大学出版部から出版された。存在の力が個々の事物の中に臨在（presence）することを説く本書は、ハイデガーの存在の現臨（臨在）とティリッヒの聖霊の臨在を統合する。これらの名著は、ティリッヒの神学体系の一部を形成するので、『組織神学』を理解するには不可欠の書物である。

一九五三年、ティリッヒは息子ルネを伴って、ベルリン、ミュンヘン、マールブルク、コペンハーゲン、ロンドンに講演と観光を兼ねて滞在し、一一月と一二月に、アバディーンで「実存とキリスト」と題してギフォード講義を行った。アメリカで一学期教えた後、一九五四年五月、娘のエルトムーテを伴って再びヨーロッパを訪れ、シェリング没後百年祭に、ヤスパースやガブリエル＝マルセルと一緒に出席し、一〇月と一一月に「生と聖霊」と題してギフォード講義を行った。こうして一九五七年、『組織神学』第二巻は出版された。

しかし『組織神学』第一巻が、福音と体系は相容れないと、新正統主義の神学者ケネス＝ハミルトンによって批判されたように、第二巻は、キリストの受肉を否定する異端であると、カトリック教会の神学者ジョルジュ＝タバールによって批判された。さらに一九六三年に出版された第三巻は「神の死」の神学者ポール＝ヴァン＝ビューレンによって無用の長物であると批判された。しかしティリッヒの『組織神学』はバルトの『教会教義学』とともに、二〇世紀キリスト教神学の金字塔として永遠に輝く労作となった。

話は多少、前後するが、一九五四年、ティリッヒは、ユニオン神学校を定年退職すると同時に、ハーヴァード大学にユニヴァーシティ・プロフェサーとして迎えられ、学部学生に対してキリスト教思想史を講義した。古い思想の現代的意味を発掘するティリッヒの学識に魅了された学生たちは、席を取るのに列を作って一時間も待たねばならなかった。ハーヴァード在任中の七年間、ティリッヒは、週末、講演のためにアメリカ各地を訪問したが、ケネディの大統領就任式に招待されるほどの有名人となり、講演の依頼は絶えなかった。

ティリッヒは一九五六年にはギリシア、一九六〇年には日本、一九六三年にはエジプトとイスラエルに旅した。ギリシアでは自然と文化の一致、人間の悲劇と偉大さの一致、つまり同一性と差異性の同一性に心を深く打たれた。日本訪問には、東洋の宗教と芸術に関心をもつ妻ハンナを伴ったが、九週間にわたる滞在の成果は、一九六二年、コロンビア大学におけるバンプトン講義となり、『キリスト教と世界宗教の出会い』に結実した。エジプトではミイラを見て、その不死の願いに感銘し、イスラエルではマルティン＝ブーバーと劇的な出会いをした。その帰途、ティリッヒはスイスでバルトと最後の会談をするが、ティリッヒの晩年はヨーロッパやアメリカの諸大学から贈られた一二の名誉博士号とフランクフルトのゲーテ賞、ドイツ連邦共和国の大有功勲章によって飾られた。

一九六二年、七六歳になったティリッヒをシカゴ大学の神学部長ジェラルド＝ブラウアーは、ジヨン＝ニューウイン教授として招聘し、ティリッヒはその死に至るまでシカゴに滞在したが、その毎日は全力投球の連続であり、疲れを知らぬ巨人の生であった。

死の10日前の講演会にて

ティリッヒの死

ティリッヒの最後の日々については、エリアーデがその日記の中で生き生きと記録しているので、それを参照しながら彼の最後の足跡を辿ってみよう。一九六五年、ヨーロッパで夏期休暇を過したティリッヒは、新学期に備えて一〇月早々シカゴに帰任したが、狭心症の発作に次ぐ発作で、医師団は演習以外の一切の活動を禁止した。ところが当時、シカゴ大学神学部創設一〇〇周年記念行事を予定しており、神学七科の各学科は、それぞれ学術集会を計画していた。その端緒を飾ったのが宗教史学科であり、ティリッヒの記念講演が企画された。これはその後、行われる各学科の記念行事の先例となるので、第一級の学者の講演が要請されたのである。

このような事情の下に、エリアーデはティリッヒに講演を依頼し、ティリッヒも諸般の事情を察知し、一〇月一二日、東洋研究所のブレステッド講堂で「組織神学者にとっての宗教史の意義」と題して講演した。大入満員の盛況裡に講演を終了したティリッヒは、その晩パーティ会場となった北川三夫教授の家で、トーマス＝アルタイザーなどの若い学者たちと長い会話をした。さらに自分を尊敬している若い学者たちとの創造的な対話に熱心に耳を傾ける美しい女子学生たちに囲まれて、ティリッヒの顔は輝いていた。しかしこれがその輝かしい生涯の最後の輝きとなった。

その夜、ティリッヒは心臓発作に襲われて、シカゴ大学のビリングス病院へ運ばれた。自分の生命の短かいことに気付いているにも拘らず、落ち着いているティリッヒに接し、看護団の医師たちは感動した。一〇月二二日、入院後、一〇日目に再び心臓発作に襲われたティリッヒは、七九歳で遂に帰らぬ人となった。まさに「巨星落つ」という表現が相応しい死であった。

II　ティリッヒの思想――『組織神学』

第一章　シェリング論

エリアーデとの共同演習　ティリッヒの晩年におけるエリアーデとの共同演習は、実りあるものではなかったが、少なくとも後期シェリングの積極哲学の研究によって、その学問的経歴を始めたティリッヒが、再び神話学と宗教史学を研究主題とした限り、ティリッヒは自己の運命を完結できた幸福な人である。これは旧約聖書の研究によって学問的経歴を始めたシェリングが、神話と啓示の哲学によって、その学問的生涯を完結した事実に対応する。

ティリッヒにとって宗教は、人間存在の深みにかかわるので、知識、感情、意志という人間の精神的機能によっては説明できない。これが人間の知性に固有な場所をもつヘーゲルの宗教哲学、感情に固有の座をもつシュライアマッハーの神学、意志に固有の場所をもつカントやフィヒテの宗教哲学とティリッヒ神学が異なる理由である。人間の意識的機能としての宗教概念を否定する限り、ティリッヒとエリアーデの宗教理解は一致するが、エリアーデがプラトン的原型に宗教固有の場所を与えるのに対し、ティリッヒはシェリングと同様に存在の深みに宗教固有の場所を見る点で、両者は異なる。

さらにエリアーデは自己の原型とユングの原型を区別するが、これは、ユングの原型がアニマやアニムスというリビドー的な原型をも内包するのに対して、エリアーデの原型はプラトン的範型だからである。エリアーデの原型が共同体の責任ある構成員としての人間を形成するための規範であるのに対し、ユングの原型は倫理的には矯正され、克服さるべきリビドー的な暗い原理をも内包する。この点についてティリッヒは、その論文「超倫理」の中で、道徳以下の視座から倫理を破壊する可能性と道徳を超越する神の恵みの視座から道徳を再建する可能性について語る。この限り、ティリッヒはシェリングに依拠し、ユングと共通点をもつ。反面、ティリッヒは神学を規範学と定義する点、エリアーデと共通する宗教理解をもつ。またエリアーデは構造主義は霊性を欠くと批判するが、この事態をティリッヒの言語で表現すれば、構造主義が合理的・自律的であるのに対し、エリアーデとティリッヒは根源的・神律的となる。

シェリングとプラトンの統合　古来、キリスト教は、天の父なる神の像に創造された人間が堕落し、神の恵みによって救済されるという根本構造をもつ。ティリッヒはこの根本構造を本質、実存、本質化、また同一性、分離、再結合、さらに同一性、差異性、両者の同一性という弁証法的運動によって表現する。同様に、古典的正統神学の根拠となったプラトン哲学に、人間の堕落を真存在である天国（あるべき姿としての本質）から地上に堕ちた実存と捉え、また救済を実存の本質化による天国への帰郷と理解した。ティリッヒはこの運動を『組織神学』第三巻で、天から地に降り、地から天へ帰る抛物線によって象徴する。ところがティリッヒ神学が依拠する後期シェリング哲学は、ドイツ・ロマン主義の宗教、母なる大地の宗教に根差す。それゆえティリッヒ神学の問題点の一つは、天の父なる神の宗教と母なる大地の宗教との統合にかかわるが、ティリッヒは三位一体論において男女の区別を超越すること、特にプロティノスの一者（深淵）によって、この難問に答える。また時と場所によって両者を使いわける折衷主義を採用する。

ベガスによるシェリングの画像

シェリングにとって神の歴史（神の生）とは、自然と精神の同一性である暗闇の深淵（無意識）が自然を生み出し、自然を精神へ高める過程、つまり暗い原理（実在的原理）を光の原理（観念的原理）へ高めることであり、人間の叡知的本質に基づく真の自由を実現する過程である。シェリングの歴史解釈は、ヘーゲルと同様にアリストテレス的であり、勢位（Potenz）の概念に基づく。勢位は自己実現の過程の原理であり、精神は最低位の原理の矛盾を克服することにより自己を実現する。最低位の原理である第一勢位は、深淵（Abgrund）から出現する生の最初のあり方、つまり自我性への非合理な意志である。実在的原理である自我性（第一勢位）は、非存在的な深淵が存在を切望する憧憬であるが、本質的存在に欠けるので、プラトン哲学の枠組みでは本質から転落した実存に対応する。

神学において絶対者が有限者を創造することは、絶対者が観念的に自己を産出する本質の領域から有限的・現実的な実存の領域への転落に対応する。絶対者は知的直観の本質であるのに対し、創造は神に反抗して人間が自己を絶対化することである。それゆえ人間は本質的存在である神の国から追放され、転落する。人間の自我性は神の中にあって神でないもの、神の中の自然、つまり神の第一勢位に対応する。第一勢位の神が妬む神、隠れている神であるのに対し、第二勢位は本質・愛の原理であり、第一勢位を克服するために自己を犠牲にするが、その最高の現われがキリストである。こうして実在的原理（第一勢位）は観念的原理（第二勢位）によって精神・霊（第三勢位）へと高められるが、霊・精神は現実と理想、存在と思考を統合する具体的普遍者である。思考が人間に固有な理性に基づくのに対し、霊は人間を超越する神が人間存在を支えている事実、また人間の精神における存在の本質化を指す。

同一性と差異性の同一性　ティリッヒはその『シェリングの哲学的展開における神秘主義と罪意識』の序文で次のように語る。すなわち「シェリングは自己の思想の内的展開によってスピノザ、プラトン、ヤコブ＝ベーメ、ヘーゲル、アリストテレスに接近した。そして彼らの思想が自己の思想に近いと気づくと、シェリングは自己の思想に適合すると思われる要素を取り入れた」。ところがこの文章はティリッヒ自身の思想的展開についても多くを語っている。ティリッヒは、若い頃から自己の思想の根本的枠組みを堅持しており、自己の思想に適合する諸要素を古今、東西の思想から取り入れて、自己固有の体系を形成したのである。

シェリング哲学の核心は、前期の神秘主義に基づく神と人間の同一性と後期の啓示の哲学における罪意識すなわち神と人間の差異性との統合である。前期シェリングが観念論の視座から、神と人間の統合を思考と存在の統合とみたのに対し、後期シェリングは別の始元である神の啓示の視座から、観念論を克服する救済史の神学を展開した。同様に若きティリッヒが、実存が本質に透明になることに基づいて、神秘主義（哲学）と罪意識（神学）の同一性を堅持したのに対し、神と人間の同一性を哲学的に確立することは可能性にとどまり、神と人間の同一性を現実に確立するのは啓示であると説いたのが『組織神学』の哲学の問いと神学の答えの相関論である。例えば、『組織神学』の第三巻は、プラトンやヘーゲルの哲学に基づいて、根源的同一性である神が自己外化して人間を定立し、人間の生を霊に高めて自己に帰還する可能性を本質構造（内核）とする。したがって生と霊の関係は、本質（内核）においては弁証法的（合理的）であるが、実存（外核）においては、この弁証法的運動の破綻に基づいて、生は問い、聖霊は答えるという相関論を形成する。

古典神学においては、神の像すなわち神と人間の同一性は理性に根差し、人間を自然の軛《くびき》から解放したのは叡知的本性に基づく精神的自由であった。ところが神と人間の差異性は、人間が自己の理性的本性と矛盾して堕落する自由、つまり人間によって創り出される差異性に基づく。さらに人間の罪の赦し、すなわち神と人間の同一性の回復は、神が自己の理性的本性を超越・離脱して、十字架上の死と復活によって人間を救う恵み（自由）、つまり神によって創造された差異性に基づく。しかも人間と神は、それぞれ理性的本性から堕落する自由、また理性的本性を超越する自由、つまり差異性においても、人間また神としての自己同一性を堅持する。

特に後期シェリングの無底は二元性を否定する愛であるが、罪人を救うために自己の理性的本質を離脱する神の自由は愛の無底に根差す。愛の弁証法は脱自を本質とし、異なるもの、つまり同一性と差異性を統合するが、これがシェリング哲学とティリッヒ神学を貫ぬく根本思想である。したがってティリッヒ神学の核心は、堕落した人間（実存）は神から分離しているにも拘らず、本質（前期シェリングの神秘主義）と神の脱自的愛（後期シェリングの啓示の哲学）において、存在の根拠（神）と結合しているという事実である。

他方、聖なる神と罪人の差異性だけを強調するのが、キルケゴールや初期バルトの立場であり、これがカルヴァン主義の「罪人（有限）は神（無限）を捉ええない」という標語や、キルケゴールと初期バルトの「神と人間の無限の質的差異」という合言葉によって表現される。歪曲した罪人は本質には不透明であり、理性による神と人間の統合は可能性（消極性）にとどまり、神からの現実的（積極的）な啓示を必要とする。これに対してティリッヒは、理性と啓示、消極哲学と積極哲学を統合し、自分の神学は半分本質主義、半分実存主義に基づくと語る。この立場は、精神（本質）

と自然（存在）、自由（精神）と必然（自然）の対立を、自然の中に精神的なものをみ、精神の中に自然的なものを見ることにより解決したシェリング哲学に淵源する。

哲学と神学の統合　ティリッヒのシェリング解釈によると、神秘主義の絶対者は理性の必然性によって捉えられるが、キリスト教の神は理性の必然性を超越する神の自由の恵みによって啓示される。つまり絶対者は人間中心的に理性（消極哲学）によって知られ、キリスト教の神は神中心的に啓示・救済史（積極哲学）に基づいて知られる。このトマス的な階層説は、ティリッヒの神論における哲学と神学の相関論の一側面を形成する。

ティリッヒ神学は、世界に対してキリスト教の真理を弁明する弁証学的神学であるが、信仰の確実さの原理は理性と信仰の同一性である。若きティリッヒは、知識と信仰の矛盾は形式的であり、実質的には両者は同一であると主張した。そしてシェリングの神秘主義（知識）の中に罪意識（信仰）の特徴である差異性を見出し、また罪意識の中に神秘主義の特徴である同一性を見出すことにより両者の統合を試みた。神秘主義が理論理性の実現であり、罪意識が実践理性の実現である限り、両者は確かに対立する。しかし両者の対立は絶対的ではなく、両者とも内的矛盾を内包する。例えば、プラトンとアリストテレスが、事物はイデアと一致することを拒むと語るように、哲学においても理想と現実は一致しない。またプロティノスも魂が肉体を抜け出す脱自（ecstasis）においてのみ、本質と実存は同一性を獲得すると語るように、哲学においても同一性を妨げる内的矛盾がある。

他方、実践理性における自律は、本質的存在と現実的存在の一致に基づく実質的な自由の享受を意味する。逆に恣意は欲望に基づき、理性（本質）に反して決断する矛盾を内包し、不自由となる。したがって実存が本質に従順であるか否かによって同一性と差異性の区別が生ずるので、哲学において個が自己否定を通して全体に順応することと、神学においてイエスが自己否定を通して神に従うことは呼応し、哲学と神学は統合される。さらにカントは理論理性と実践理性の矛盾を、判断力における同一性によって克服する。例えば、天才とは自然が必然的に遂行することを、自由に創造する天賦の才能であり、芸術作品は神の啓示である。したがって芸術は哲学と宗教を統合する。そのうえ歴史哲学は、個人の意識的・恣意的・非合理的な自由意志と運命の無意識的・普遍的・理性的な意志の統合に基づくが、その統合を実現するためには個人の自己否定により、自由意志が理念の実現に協力する必要がある。したがって歴史哲学も哲学と神学を統合する。

哲学と神学の相関論　ところがカントはその神の存在論的証明の批判の中で、超越的存在は人間の主観によっては捉えられず、観念から存在への道、可能性から現実性への道のないことを指示し、理性に基づく消極哲学の限界を明示した。さらにカントは、神の宇宙論的証明の批判の中で、制約されたもの・偶然的なものの限界を越えて、その原因である無制約者・必然的存在へ到達することができないことを示した。カントの物自体は限界概念であり、主観と客観の直接的同一性、また本質と存在の直接的同一性を否定する。したがって客観的存在者は主観の中には取り入れられず、カントの物自体は非合理的なもの、究極的には無の深淵を指示する。

理性が偶然的存在者から必然的存在者へ遡行しようとすると、理性は深淵の中に落ち込み、自己を放棄しなければならない。存在の根拠（根底）は人間の理性には透明にならない非合理的な深淵であるが、これがティリッヒの哲学の問いの根である。前期シェリングは、主観と客観の対立を超越する根源的存在を芸術的直観によって捉えるが、根源的存在はシェリングの精神と自然の同一性、神秘的ア・プリオリであり、主客の対立を超越する魂の深みで経験される。

ところがシェリングの『人間的自由の本質』では、前期シェリングにおける必然性（自然）と自由（精神）の同一性が無底（Ungrund）へと深められる。この無底（深淵）は「それに直面しては理性は立ちつくし、沈黙せざるをえないもの」（das Unvordenkliche）である。この事実は「なぜ存在であって無ではないのか」という哲学の根本的な問いに対して、必然性（思考）に基づく哲学は答えられず、啓示に基づく神学の答えだけが可能であることを意味する。問いと答えが根源的である場合には、自由な啓示に基づく直接的な事実以外には何の答えも期待できない。

それゆえシェリングの積極哲学とティリッヒの哲学と神学の相関論は、神と人間の弁証法的関係である同一性と差異性の同一性を前提しているにも拘らず、この弁証法的運動を支えている存在の根拠（自然と自由の同一性）が無の深淵の中に沈んで脱根拠（Abgrund）、無根拠（Ungrund）となり、弁証法的運動が破綻したことを物語る。したがって神学の答えは愛という無底、つまり新しい始元からの啓示に依拠する。シェリングとティリッヒの深淵は、自己の中に第一勢位の暗闇、恣意性、自我性、力動性、実存と第二勢位の光、愛、理性、形式、本質、運命を無差別に畳み込んでいるので、人間の堕落の誘因となると同時に、キリストの愛や第三勢位の聖霊の自由として自己を展開する。つまりシェリングとティリッヒは、理性の体系から非合理主義への道を備え、理性に基づく消極哲学の視座からは解決できない問いに対する答えを、啓示に基づく積極哲学に求めたのである。

弁証法と相関論　現象界の根底は非合理性、根源悪であり、人間の堕落は歴史の前提であるが、人間の実体は原罪ではない。人間においては肯定なくして否定はなく、光なくして闇はない。また罪人が愛の神との差異性を実感する時でも、罪人は怒りの神との同一性を保持するので、神と人間の矛盾は両者の絆を破壊しない。さらに神はキリストにおいて人間となることにより、自我性を取得し神の怒りに従うが、キリストは十字架において自我性を放棄することにより、神の普遍性を回復する。したがって神の自然（自我性）は定立されるが、聖霊の中で永遠に克服される。

根源的無差別である深淵においては、霊（自由）は自然（必然）によって呑み込まれているので、自然の運命として堕落は必然的であるが、人間の堕落は自由に基づく罪である。罪への誘惑は深淵から出現するが、人間の罪は人間の精神が自己の本質に対して犯す自由な行為だからである。実質的自由（神との合一）から形式的自由（神との矛盾）への移行が、本質から実存への堕落の原理としての自己定立に基づくとすれば、実存の本質化は実存の自己否定を通して実現される。本質と実存の弁証法的綜合は、実存に対する本質の自己定立、闇に対する光の自己定立に根差し、この綜合が神の生命、永遠の過程である。それゆえティリッヒの哲学と神学の相関論の根はドイツ観念論の弁証法である。

ところがシェリングの啓示の哲学は、哲学的な絶対者、無制約者からキリスト教の自由と愛の神への道は非合理的な跳躍に基づくことを開示する。神は存在するも存在しないも自由であり、神が自由に選ぶところのものである。したがって神が人格的な神であるか否かは、理性が予知できるものではなく(unvordenklich)、神の救済史から理解されるだけである。それゆえ神中心の積極哲学は、人間が本質から堕ちて実存するのと同様に、恵みの神が神の本質から離脱して実存することに基づくので、人間の実存と神の実存の間には理性的本質からの自由な離脱(脱自)という共通項がある。そして人間の罪と怒りの神の同一性(ロマ書一章一八―二四節)から人間の罪と神の正義の差異性を経て、神の恵みと罪人の救済という同一性への帰還は、罪なきキリストを罪とするというパラドックスによって完成する(コリント後書五章二一節)。

利己的な恣意は、自我を否定し克服することができないので、神秘主義と本質主義を否定する。ところが十字架の神秘は、罪なきキリストの自己否定によって完成するので、罪人の自己否定を可能にし、自己否定に基づいて神秘主義とキリストの出来事の同一性を確立する。愛は罪に勝利する神秘主義であり、神秘主義と救済史を統合する。したがって啓示、恵み、アガペーの形態は、合理的形式であるエロース（弁証法）を超越し、超論理（逆説）的であるが、合理的形式の中にも存在する。これは、存在の深みが本質構造を通して自己を啓示する表現主義と共通し、ティリッヒ神学の核心を形成する。したがって、ティリッヒの哲学と神学の相関論の芯を形成し、花を咲かせ、果実を結ばせるのは、理性を超越する神の恵みである。

シェリングとティリッヒ ところでティリッヒのシェリング論と組織神学は次のように対応する。まず自然の冠として人間の生と神の霊があるように、文化の冠として歴史と神の国がある。したがってシェリングの『啓示の哲学』の構造が『組織神学』第三巻の枠組みを決定する。次に力、愛、正義によって象徴されるティリッヒの三位一体の神は、シェリングの神に対応する。

特にティリッヒの名著『愛、力、正義』の構造は、シェリングの『啓示の哲学』の構造に呼応する。愛、力（存在）、正義（理性）は、それぞれの形で存在の深み（存在自体）を表現すると同時に、全部、同一性と差異性の同一性という弁証法的構造をもち、これが三位一体の神の象徴となる。またティリッヒの疑いと信仰、罪と恩恵の統合も、シェリングの存在の深みと精神（霊）における第一勢位と第二勢位の同一性に基づき、両者は表裏をなす。さらに神の創造的正義は、罪人と神を再結合するために自己を犠牲にするキリストの愛による罪の赦しである。したがって愛と正義の関係は、啓示と理性の関係に対応する。

さらに人間関係における正義は他者を人格として認めることであるが、人格は愛（第二勢位）による自我性（第一勢位）の克服を通して形成される。第一勢位の暗い意志は存在を生む憧憬であり、第二勢位の理性（光）と結合して、形式を分離して個人を生むので、人格は第三勢位の精神（霊）の領域に固有の場所をもつ。

最後に、若きティリッヒは信仰の確かさを求めて弁証学的神学に着手したが、名著『存在への勇気』（一九五二年刊）の主題は信仰の確実さであり、四〇年の歳月が流れたにも拘らず、ティリッヒは同一の主題を追求していたのである。ルターの「信仰による義認」の教義は、ティリッヒにより拡大解釈され、「知的疑いも信仰によって義とされる」という逆説的な思考原理へと変身した。ティリッヒは、信仰を通して神の恵みによって救われるというルターの教義を、存在自体の自己肯定（めぐみ）を受容する勇気（信仰）と拡大解釈する。したがってティリッヒは、神と人間の神秘的合一と神による人間の救いとの間に実質的同一性を見出し、神秘主義と罪意識の形式的差異性を克服し、同一性と差異性の同一性を確立する。

ティリッヒの存在の深み・無の深淵は「隠れた神」の系譜に属すが、ティリッヒは無の深淵から存在が生起することを根源的啓示と理解し、そして根源的啓示に応答して存在の可能性を実現する勇気、存在を全体的・根源的に捉える勇気、気配り、配慮、関心を存在と捉え、救済史を第二次的・形式的な啓示と理解する。それゆえ実存の問いは存在の深みの究極的な確実さによって答えられるので、ティリッヒの存在自体はハイデガーの根源存在（Seyn）、根拠と脱根拠を統合する生起・出来に構造的に対応する。換言すれば実存と道具的連関を根源的に統合するハイデガーの神秘的ア・プリオリ（根拠）が深淵の中に沈んで、根拠が現象学によって捉えられず、実存が問いとなるとき、別の始元である存在の恵みが生起する。これが構造的にティリッヒの実存の問いと啓示の答えの相関論に呼応する。

第二章　『諸学の体系』

シェリング論と諸学の体系　『シェリングの積極哲学における宗教史の構成』において、ティリッヒは神と世界に共通する原理として、存在、思考、精神（霊）の三勢位について語る。次にティリッヒは、人間の自由意志には真の自由（精神）と恣意（存在）の根源的二重性があるが、恣意（自然）を真の自由（霊）に高めるのが歴史の過程であると説く。他方、ティリッヒは、精神・霊は受動（存在）と能動（思考）、また現実（必然性）と理想（自由）の絶対的同一性であり、同一性（思考）と差異性（存在）の同一性（霊）の根は根源的無差別性（存在の深み）であると語る。

さてシェリングは『人間的自由の本質』において、絶対者の中に非条理の原理を導入し、人間の意志の中に恣意（自己に矛盾する自由）を容認し、自然の暗い原理を恣意の現実化とみる。自由とは自己から離反する力であり、この力が勢位（Potenz）と呼ばれる。第一勢位は恣意的主観性、自我性の原理であり、すべての存在者の非条理な根拠である。第一勢位が存在を欠くとすれば、第二勢位は存在を実現するので、生成する事物はすべて存在と非存在によって性格づけられる。したがってシェリングは形式と質料の原理に基づき、アリストテレス的であり、第一勢位の怒りの神が存在を否定するのに対し、第二勢位の愛の神は存在を恵む。

恣意性（第一勢位）と愛（第二勢位）の抗争により世界史は展開するが、世界史の課題は愛による自我性の克服である。同様に、神と人間の人格性（霊性）は愛による自我性の克服と客観性による主観性の克服から生まれるので、世界史の諸段階は存在から意識を経て自意識へと深化する過程、つまり神と人間が人格となる過程である。それゆえシェリングの三勢位は、それぞれ、無意識（存在）、意識（思考）、自意識（精神）、また可能性、必然性、規範性として性格づけられるが、神学を含む精神科学は規範性を本質とする。

ジェイムス＝アダムスによれば、ティリッヒの『対象と方法にしたがった諸学の体系』における勢位は、シェリングにおけるような形而上学的な原理ではなく思考構造となり、存在の深みは前論理的な無制約的形式、根源的意味となる。それゆえ神も後期シェリングの神中心に考えられた啓示の神（神学）ではなく、前期シェリングの人間中心的に考察された神秘主義的絶対者、神秘的ア・プリオリ、根源的存在（哲学）と理解される。したがって『諸学の体系』はヘーゲルの哲学体系に近く、思考、存在、精神という『諸学の体系』の構造も、論理学、自然哲学、精神哲学から成立するヘーゲル哲学の体系に対応する。

思考、存在、精神（霊）

ティリッヒにとって、学問の根拠は存在自体であるが、存在自体は理性によって汲み尽すことができない意味の深淵を形成し、論理学を越える超論理学（Metalogik）をその学問的方法とする。詳論すると、ティリッヒは思考の論理学（数学、論理学）と存在の論理学（生物学、歴史学）に対して、精神の論理学・意味の形而上学を展開するが、これが超論理学であり、この限り『諸学の体系』とヘーゲルの『精神現象学』はともに超論理学である。近代の観念論においては、思考は存在（対象）を意識の中に包み込み、存在を完全に掌握する。特に、具体的な内容から抽象された思考を固有の領域とする数学や論理学（思考科学）では、同一性の原理が支配する。他方、実在論では、存在は非合理的、動的であり、思考によって存在を捉えることはできない。思考が普遍的法則によって存在を説明しようとすると、本質化に反抗する存在の個性と多様性を拭い去るので、歴史学のような経験（存在）科学は、存在（内容）に思考（形式）を適応させる。反面、存在は思考によって構成される限りにおいて、思考によって捉えられるので、純粋な存在は思考の深淵であり、理性はその前で沈黙（unvordenklich）しなければならない。

第三の領域である精神科学は、神学の領域でもあり、意味の論理学を自己固有の方法論とする。まず精神は、論理形式によっては表現し尽せない前論理的な根源的意味（Gehalt）を客観的世界成立以前の生きた統体である形態（Gestalt）によって表現する。次に創造性と個性の根拠である精神は、理性にとって異質である非合理的な存在を理性によって透視し、独自な形式によって具体化する。したがって精神科学は、他の文化（意味）領域と並列されるのではなく、他の意味領域を基礎づける意味の神律的形而上学、根源的意味を開示する超論理学を自己固有の方法論とし、根源的なものを現実の世界に実現する。

精神科学の方法　根源的意味（Gehalt）の理解を試みる精神科学に固有の形式は、個（存在）と普遍（思考）を動的に統合する形態（Gestalt）であるのに対して、自然科学の法則は、個体を普遍の例証とみる他律的方法である。近代の心理学は、創造的な出来事を普遍的な構造によって説明するので、個性を破壊し、合理的な形式によって非合理的な深淵を覆い隠す。他方、存在と思考の両極を統合する精神的形態は、霊魂を実体や心的機能とは理解せず、両者の対立の深みに下降して、根源的意味・存在の深みを魂の根底とみる。存在の深み（深淵）が実体（substance）とも意味の意味（import）とも解釈されるのは、実体としての精神が自己を意識せず、無意識の中にとどまっている存在の深みに対応するのに対して、根源的意味はヘーゲルの絶対精神に対応し、歴史の原動力、生命となるからである。

人間の創造的行為は、存在を通して根源的となり、思考を通して普遍的形式を得るが、無制約的形式（根源的意味）は人間の精神的創造性（個性）の中に啓示される。人間の個性は、根源的意味の具体化（受肉）であり、キリストはその最高の例証である。人間イエスは、自己犠牲を通して根源的意味に透明になり、キリスト教の規範を形成し、真の創造性を実現した。さらに規範は精神的決断によって形成されるので、創造的な歴史の中だけに存在し、イデア界や自然界には存在しない。

これが、歴史を超越するイデア界に歴史の根拠と目標を求めたトレルチに対して、ティリッヒが批判的だった理由である。

超論理学

精神科学の方法である超論理学（Metalogik）は、自律的な思考分析（論理的方法）と個体の考察（経験的方法）を超越し、意味の本質的創造者としての根源的意味・存在の深みを認識する神律的方法である。論理主義（批判主義）は存在の深みに到達しないので、形式主義に陥るのに対し、非論理主義（直観主義）は思考形式を欠くので恣意的となる。両者を統合する超論理学は、論理形式によって存在を自律的に捉えると同時に、根源的意味を神律的に直観する。

さて創造的精神は、無制約的なものを担う思考と存在の対立を統合するので、思考と存在の緊張関係を表現する。他方、合理的思考が世界と事物を客観化すると、個と普遍を統合する形態の中に生きる創造的精神は後退し、無制約的なものは原因や法則によって置き換えられ、根源的なものは失われる。反面、意味の形而上学は、形式内に内在する根源的意味を直観すると同時に、個性的、創造的に規範を定立して、根源的意味を実現し、純粋な形式主義を超越する。

換言すると、精神の創造的行為が実現する根源的意味は、思考と存在の根源的関係に根差すので、精神は、意味実現から抽象された実在を知ることはできないが、すべての意味形式と意味機能（思考）を貫通して、超論理学的に意味領域の深みに下降して、意味実現に先行する前論理的な世界

（存在の深み）を垣間みることはできる。この存在の深みは、意味形成の条件である存在と思考の統合を未だ実現していない指向性の王国であり、存在と非存在を統合する。

さて自律的学問が無制約的なものを形式によって捉えるのに対し、神律的学問は無制約的なものを直観的に捉える。他方、形而上学が自律的な思考形式によって神律的な存在の深みを表現するように、ティリッヒの超論理学も意味要素である思考と存在を統合して、存在の深みを表現する。反面、思考に基づく論理主義（批判主義）は意味機能の統一性を保証するが、存在を他の範疇と同等の範疇とみるので、思考からその深みを奪い、根源的意味を破壊する。他方、非論理主義（直観主義）は、特殊な意味形式の中に内在する根源的意味を直観する反面、思考を他の心的機能と同列の一機能とすることにより、すべての意味機能の統一性を否定し、意味そのものを喪失する。

ところが批判主義（懐疑主義）と現象学（神秘主義）を統合する超論理学は、意味機能（精神行為）の深みに沈潜し、意味要素である思考と存在の統合へ到達し、この両者を統合する根源的意味を、理性以前、反省以前の存在の深みにおいて現象学的に直観し、さらに思考（普遍）と存在（個）を統合する精神によって、根源的意味を歴史の中に実現する。したがって超論理学は、『組織神学』における個別化と参与、力動性と形式、自由と運命の両極の統合によって存在自体を表現する形態的存在論に対応する。古典的実在論が存在から意味を受容するように、近代的観念論が存在に意味を付与するのに対し、超論理学は根源的意味を表現するので、表現主義に固有の論理学となる。

批判主義と現象学の統合

批判主義と現象学を統合する超論理学について、さらに詳論すると、批判主義は、意味形式と意味対象を区別することにより、意味形式を形而上学的対象へ引き揚げ、哲学を超越的実体の学問とすることを防止する。また意味は、思考が存在を捉えるとき生ずるので、批判主義は、観念論として、存在と思考を統合する精神が事物に意味を付与することを容認する。反面、芸術や宗教の意味機能を知識（批判主義）の視座からみると、意味機能を合理的形式によって理解する結果、精神を論理化し、実在を合理化するので、批判主義は個々の意味形式の中に内在する根源的意味（存在の深み）の理解を妨げる。つまり批判主義は、その論理主義のために存在を知識の範疇、または知識の限界とみる結果、存在の積極的意味を見逃し、意味の意味を捉えることができず、理解を理解することができない。さらに批判主義は、意味付与を、形式を欠く実在を論理的に形成する主観的行為とみるので、実在が精神的意味を指向する事実を見逃す。

他方、特殊の中に普遍を読みとる現象学は、理解に力点を置き、意味内容を直観するので、意味形式にかかわる批判主義に優る。反面、現象学は意味原理と意味対象を区別せず、存在を思考の中に包み込むので、本質主義に帰着する。また現象学は、無制約的形式の包括的統一性（ア・プリオリな論理形式）から思考のカテゴリー（範疇）を導出しないので、カテゴリーの必然性と絶対的妥当性を保証できず、非論理主義、独断主義に陥る。さらに現象学は、思考と存在の緊張関係を見落すので、静的イデアを歴史の動的規範と誤認し、意味原理（イデア）と精神的規範の内的緊張を見逃す。

ところが超論理学は、純粋形式の統一性から意味の諸形式を批判的に演繹して意味を付与する思考（批判主義）と根源的意味から意味を受容する理解（現象学）を統合する。根源的存在は、根源的意味と深淵（存在の深み）を反対の一致という動的な緊張関係において自己の中で統合する。したがって思考に先行する緊張を孕《はら》んだ前論理的実在を捉えるのに適した方法は、相反する方法である批判主義と現象学を止揚する超論理学である。

『諸学の体系』は、存在と思考を統合する精神が根源的意味を歴史の中に実現して、文化（意味）を形成するというドイツ観念論の系譜に属す。したがって根源的意味は、思考と存在の対立に先行するヘーゲルの絶対者である自由の概念、また概念の中に包み込まれた実体（深淵）を指示し、それに対応して、個性による普遍性の具体化である「具体的普遍性」も精神的創造性となり、『組織神学』のキリストの逆説的な出来事とは区別される。もちろん聖霊キリスト論の視座から、キリストが同一性と差異性の同一性を体現する具体的普遍者であると理解すれば、『諸学の体系』と『組織神学』は統合される。しかしロゴスとカイロス、また弁証法とパラドックスは異なり、さらに『諸学の体系』の精神的風土が本質主義であり、『組織神学』の精神的風土が五〇パーセントの本質主義、五〇パーセントの実存主義である点、両者は異なる。

『組織神学』やハイデガーにおいては、不安（無の深淵）によって無意味となった世界を再び根拠（意味）づけるのが、不安を克服する勇気（根源的信仰）、人間と存在を全体的、根源的に捉える勇気、気配り、配慮、関心、そして存在の可能性を実現する勇気であり、存在（根源的意味）による非存在（不安）の克服である。したがって『諸学の体系』と『組織神学』の差異は、前論理的な存在の深み（根源的意味）にかかわるフッサールの本質主義の純粋現象学と、反理性的な無の深淵にかかわるハイデガーの実存的現象学の差異に対応する。ティリッヒの「批判的現象学」が意味の形而上学からハイデガーの反理性的な無の深淵とバルトのキリストの出来事（具体的な歴史的規範）へ分岐するのは、『宗教哲学』においてであるが、これは存在の深みにおける存在のめぐみ（別の始元）による非存在（悪）の克服が、キリストの逆説的出来事における神の恵みによる罪の克服に対応するからである。

規範的体系学　経験科学の形態は、思考科学の構造と、精神科学の意味に対応するが、存在の意味は精神の中で完成し、歴史の中で具体的に実現される。この意味の普遍的形態と包括的枠組みが体系（system）である。意味体系において、意味原理、精神史、規範的体系学は、それぞれ、思考、存在、精神に対応するので、意味原理である哲学は、意味素材である精神史によって具体化され、意味規範となる。次に精神史は、歴史的、具体的な規範（教義）を抽象的な意味原理から理解し、規範的体系学、組織神学を形成する。したがって宗教哲学が普遍的意味原理の神律的教義にかかわるのに対して、宗教の規範的教義である組織神学は、具体的意味規範の神律的教義にかかわる。哲学が理性に根差した消極的学問であるのに対して、規範的体系学である組織神学は、歴史の中に意味を実現する積極的学問である。

構造的形式は根源的意味を実現すると同時に、その限界となるが、精神（霊）は法則を破壊せず、新しい要素を付加して構造的法則を超越する。また精神（神学）は、形式（哲学）を通して存在の深みを表現するので、哲学的概念は神学的象徴となる。この哲学（形式）と神学（存在の深み）の関係は、エリアーデの「構造主義（形式）は霊性（深み・意味）を欠く」という言表と相同性をもつ。同様に科学が事物の外的形式にかかわるのに対して、芸術は事物の外的形式を通して、実在の深み（意味）（Seins-gehalt der Wirklichkeit）を捉える。美的直観が捉える事物の根源的意味は、主観的感情や合理的形式ではなく、事物の形式を通して啓示される純粋存在・根源的意味である。

神律的形而上学　神律と自律の関係は、意味、思考、存在の弁証法的関係に基づくが、自律が思考形式に依拠するのに対して、神律は純粋意味としての存在の深みにかかわる。それゆえ真の形而上学は意味の形而上学となる。神律は形式（自律）を通して根源的意味を実現するが、これが意味、精神（霊）である。他方、神律を欠く自律は空虚な形式主義に陥り、合理性（自律）を欠く神律は魔的となる。さらに神律が自律と対立すると、宗教は他律となり、文化と宗教の相剋が生まれる。中世盛期のアンセルムスの神学は、神律的であると同時に自律的、理性的であったが、中世末期に神律と自律の統合が崩壊すると、神律は他律となり、自律は合理的、認識論的となった。そしてこの自律と他律の対立が、自由神学と正統神学の対立となった。

神律は、論理形式（自律）を通して根源的意味を表現するので、根源的意味の表現である具体的信条（教義）からその規範性を取得する神学は、具体的普遍性を形成することにより、神律的形而上学となる。反面、神話は、神律的形而上学の元初的形式であり、自律的学問に先行する具体的な物語であるが、その実体である存在の深み、根源的意味を否定することはできない。それゆえ自律理性に基づくブルトマンの非神話化論は不可能な試みである。

神律的学問は神話学、教義学、形而上学を内包するが、その最も合理的な形式は形而上学である。しかし形而上学も、合理的な自律理性によって神律的意図を廃止することはできず、自律によって神律を廃止する合理的形而上学は不毛に終る。なぜなら純粋形相の学以上を意味する形而上学は、無制約者を捉える神話的意図、神律的要素を含むので、自律的な認識論に還元できず、本質的に神律的であるからである。反面、神話が空想以上であることを願う場合は、自律的となり、認識論的に世界を捉える。したがってティリッヒにとって、神律的思考の卓越した例である神学（教義学）は、自律理性（自由神学）と宗教的根拠（正統神学）と弁証法的関係を保ちながらも、両者に対する完全な自由を意味する。

第三章　宗教哲学

宗教哲学の主題と方法　ティリッヒの超論理学は、カントからヘーゲルに至る批判主義的・弁証法的立場とヤコブ＝ベーメから後期シェリングに至る神秘主義的・実存的立場を止揚する神秘主義的脱自に基づき、根源的意味・存在の深みを合理的形式で表現し、二〇世紀の表現主義と底通する。さらにティリッヒは根源的意味と存在の深みを同定するが、この事態は観念的原理と実在的原理の同一性、つまり意味（精神）の中に存在（自然）をみ、自然の中に精神を見るシェリングの同一哲学に基づく。さらに人間の精神性と人格性は存在が意味に透明になり、生の過程が完成する事態を指示する。他方、形式と根源的意味の対立は、律法（外核）と福音（内核）、哲学と神学の対立に呼応するが、両者の統合が否定されると、世界は無意味となり、実存の問いが生まれる。したがって哲学と神学の統合は終末論的象徴となり、『組織神学』における実存の問いとキリストの答えの相関論への道を備える。

宗教が文化の深み・実体であるのに対して、キリストによる啓示は、人間の文化を超越する別の元初である神が、人間の歴史の中へ切り込む一回限りの出来事である。ティリッヒは存在の深みを宗教と啓示を統合する場所と捉えるが、これが宗教哲学の主題と方法を決定する。

宗教哲学は人間の精神的機能に内在する根源的意味・存在の深み（実在）にかかわるが、この意味・実在から意味原理を抽象するのが批判的方法であり、意味原理の必然的な相互関係を明示するのが弁証法的方法である。合理主義が事物の可能性と現実性を区別しない古典的正統神学の論理であるのに対し、批判的・弁証法的方法は、存在に対する精神の自律を前提した上で、意識領域の意味原理と存在領域の意味原理を同定する。したがって批判的・弁証法的方法は、精神的機能であると同時に実在すなわち意味の原理でもある普遍的な意味形式を形成するが、前理性また反理性という意味での存在の深みを捉えることはできないので、意味形式の統一性は空虚となる。さらに神の恵みや啓示のように、形式を通して自己を表現する別の始元を捉えることは、批判主義には不可能である。

次に現象学は、論理実在論の再発見により、直観的に意識された本質の体系を形成する。現象学的ア・プリオリは直観された本質であり、形式的な意味原理と経験的な意味内容の区別は、本質領域においては止揚される。したがって現象学が具体的な事例において宗教の本質を直観する限り、現象学はその事例の合理的、抽象的局面にかかわる批判哲学より勝れている。反面、可能性と現実性を区別しない初期フッサールの現象学にとっては、個体は本質の例証に過ぎないので、現象学は数学的世界や論理の世界では通用するが、普遍性を個性的に具体化する歴史の世界では通用しない。

他方、実用主義は、生ける現実性の個性的、創造的性格を強調するので、歴史理解に関しては実用主義の方が初期フッサールの現象学よりも勝れている。文化的対象は、実用主義的な要求を満すことを目的とするので、その用途や目的を理解することは、歴史的行動の深い意味、意識以前の意味を了解することを意味する。反面、純粋現象学は外的世界から眼を転じ、事物の内的本質を洞察するが、事物の内的本質を直観することは、神秘主義や禁欲主義と底通し、知的行為によって実在と合一するので、歴史的規範や歴史的決断とは無関係になる。

さて現象学と実用主義の間に再び批判主義が介在するのは、規範は本質と異なり、動的、歴史的であり、本質を変更する創造性にかかわるからである。また実用主義は、規範の個性的、創造的性格を洞察するので、フッサールの純粋現象学からティリッヒの批判的現象学への移行に呼応するからである。さらにハイデガーによれば、意味連関(存在)とは、実用主義的な道具的連関を人間(実存)が企投する根拠である。この事実に呼応して、ティリッヒの「批判的現象学」・超論理学は、形式を貫通して自己を表現する根源的意味・深淵の開示（ハイデガーの存在論）と個性的な規範の創造（バルトのキリストの出来事）という二

フッサール（1859～1938）

方向に分岐することにより、フッサールの純粋現象学を修正する。またこれが、ティリッヒがハイデガーの存在論を神律的存在論として高く評価する根拠でもある。

詳言すると、ハイデガーの深淵が反理性的な魔性を畳み込んでいるとすれば、この反理性的な非存在（罪）に起因する実存の窮境を打開するキリストの出来事は、無意味（無根拠）となった世界を意味（根拠）づけるハイデガーの存在論に呼応し、単なる前理性的なものにかかわるフッサールの純粋現象学を修正する。科学的な知識を単なる仮説と理解する実用主義にとって、罪の現実を捉えられないフッサールの純粋現象学を、罪の現実に答えられるキリストの出来事と相同性をもつハイデガーの現象学によって代替えすることは当然であり、ティリッヒの批判的現象学はフッサールの現象学と実用主義を統合する。

宗教と文化

すべての精神的行為は意味をもつが、実在論では主体が意味を受容し、観念論では主体が意味を付与するのに対し、超論理学では主体は意味を実現する。ところが意味の諸形式の普遍的連関性・全体性を本質構造とする表層的世界は、意味根拠である絶対的有意味性（究極的意味）が無効となると、無意味の深淵の中に沈む。この表層的意味の世界が文化的世界であるのに対し、意味根拠・存在の深みは宗教的世界である。しかし相対的形式に関わる文化も絶対的意味を含むので、文化は意図的には宗教的でないにしても、その実体（深み）は宗教的である。反面、宗教は意味形式を通してのみ究極の関心（根源的意味）を表現できるので、形式の視座からみれば、宗教は文化的である。しかも意味根拠は深淵でもあり、すべての概念は象徴的意味しかもたず、神の深み（存在自体）へは到達しない。例えば、神学は自律的理性の合理的概念を神律的真理の象徴として使用するので、ヘーゲル哲学とティリッヒ神学は概念と象徴という形で対応するが、これは科学的概念が形而上学の中で象徴的に使用される事実と比論の関係に立つ。

他方、フッサールの現象学と超自然主義（啓示神学）は、宗教と文化を統合できない。初期フッサールの現象学は、思考が存在を完全に自己の中に包み込む本質主義に帰着するので、無意味な深淵の前で沈黙して立ちつくす。反面、初期バルトの啓示の神は、人間の文化とは別の元初から無の深淵を突破して、人間の歴史の中に切り込んでくるので、意味の統合性を破壊する。ところがティリッヒの超論理学は、シェリングの芸術哲学と底通し、存在の深みを芸術的形式を通して表現し、霊的人格と存在を統合する。意味は存在を霊的完成へ導くが、これはシェリングの存在（自然）と意味（精神）の同一性である無の深淵の中に霊的人格性が畳み込まれているからである。

宗教は無制約的意味を指向し、文化は制約された形式を指向するが、両者は意味の諸形式によって統合される。宗教と文化を統合する意味の諸形式は文化の冠であり、宗教においては神の象徴となる。無制約者の視座からみると、象徴は否定されると同時に肯定されるが、意味形式（文化）は根源的意味（宗教）によって否定されると同時に肯定される。これが根源的意味（神律）によって文化（自律）を完成することであり、文化の冠である哲学と哲学概念を象徴として使用するティリッヒ神学の相関論のルーツの一つである。ところが制約された形式（技術理性）を絶対視する啓蒙主義は無制約者を無視するが、ここに自律文化が生まれ、宗教と文化は分離する。他方、啓蒙主義的自律理性の批判から自己を防衛するために、絶対的真理を主張する宗教は他律となるが、他律は、意味形式の統合性に根差す自律が神の承認を得ることを拒否する。反面、自律は、根源的意味から切り離されると、空虚となり、創造力を失う。

信仰と不信仰　信仰は無制約者を指向するが、無制約者は思考の対象とはならず、象徴を通して直観される。したがって、すべてを客観化する不信仰な思考は、存在の根拠に参与することができず、表層的世界に留まる。しかし自律的文化においても創造的行為の実体は、意識されていないとはいえ、信仰的であり、無制約的意味が脈打つ。事実、創造的哲学者ヘーゲルの哲学体系の実体は神学である。

反面、他律的信仰は、根源的意味を担う意味形式（教理）を絶対化するので、魔的に歪曲される。しかしすべての存在者の中に無制約的な意味の深みが臨在する限り、すべての存在者は無制約者の象徴となる。例えば、『存在と時間』において、完全な意味統合体（意味連関）であるハイデガーの世界性（存在）は、神の完全な象徴となる。ところが信仰を失った自律、つまり近代主義的プロテスタントは、諸形式を統合する世界を神と同定し、世界を脅かす深淵に眼を覆う観念論を展開し、その自律は表層的となり、空虚となる。反面、自然主義においては、魔的な裏の世界が形式の統合体（意味連関）である表の世界を呑み込むのに対し、他律的な信仰は、無の深淵を歪曲し、変形して最高存在者を創り出す。

詳説すると、聖の顕現は、個々の事物を存在の深みによって肯定すると同時に否定する。この事態を事物の視座からみると、聖なる事物は、自己否定によって聖となるので、その直接的形式から歩み出ており、脱自的、自己超越的である。この聖の脱自的性格は、他律においては超自然、自律においては理想、神律においてはパラドックスとなる。聖と俗の対立を前提する超自然主義は、聖が自己の直接的な存在の否定に基づく事実を見逃す。反面、自律は、理想が無の深淵によって否定される事実を見抜けない。それに対して、神律は象徴の内的超越を通して、聖なる事物が存在の恵みに依拠することを悟るが、神律的な恵みはパラドックスであり、恵みを表現する象徴の普遍的性格は脱自である。それゆえ聖に対する事物の象徴力は、事物が世俗化するとき失われる。

魔的なものは両義的であり、有限者を絶対化すること（カルヴァン）とも、負の符号を付した聖（ルター）すなわち魔的な深淵とも定義される。元来、存在（第一勢位）は意味（第二勢位）に反抗し、存在の深みはその内的無限性によって意味に敵対するが、霊（精神）的領域（第三勢位）でのみ意味に対する存在の反抗は積極的な罪となる。なぜなら精神的、霊的なものは弁証法的であり、存在に参与する反面、存在から自由となるために規範的となるからである。さらに魔的なものは、虚無の深淵を表現するシェリングの第一勢位であり、自我（個）を絶対化する恣意、我欲なので破壊的であるのに対し、恵みは第二勢位であり、建設的である。そのうえ魔的なもの（深淵）は、神性と同様に事物の本質に内在的ではなく、悪霊憑かれが例示するように脱自的である。さらに恵みが、ドイツ観念論が例示するように内在的ではなく、新正統神学が説くように外部から与えられることは、存在の深みの弁証法的性格を指示する。

神政主義と秘蹟　秘蹟は、有限な存在者の中に根源的意味が臨在することに依拠するのに対し、神政主義は、魔的なものを批判し、存在の諸形式を絶対的形式（神）に従属させる。秘蹟が神秘主義と結合するのに対し、神政主義は、秘蹟（事物）の魔的な神格化と戦う預言者と結合する。秘蹟が神秘主義が形式を超えて存在の深みに参入する脱自的なルター主義と結合するのに対し、神政主義はカルヴァン主義的形式主義であり、秘蹟による神との合一を拒否する。秘蹟が、有限と無限、神性と魔性の区別に無関心であるのに対し、神政主義は律法主義的であり、善と悪、有限と無限を区別する。他方、秘蹟と神政主義を止揚・統合する宗教が恵みの宗教、パラドックス（逆説）の宗教である。

神政主義が一神教的であるのに対し、有限が無限を担う秘蹟は、有限者である自我の放棄を要求するが、これが死に至るまで従順であったキリストの姿である。それゆえキリストが神政主義的批判主義によって魔的なものを克服するとき成立する一神教は、キリストの自己犠牲を通して秘蹟という多神教的要素を取り入れ、律法の宗教から恵みの宗教となる。

宗教における諸傾向は、文化においても通用し、秘蹟に呼応して汎神論が生起するのに対し、神政主義には批判的合理主義が呼応する。しかし汎神論も合理主義も無の深淵の脅威には気づかない。

さらに神政主義に淵源する批判主義的合理主義が形式主義的自律文化を形成するのに対し、汎神論は意味統合体（意味連関）としての世界を肯定する観念論となる。観念論は、根源的意味に根差す限り、命脈を保つが、根源的意味を忘却すると、非現実的となり、遂には形式主義的となる。

自律文化は、キリストとしてのイエスという具体的な象徴を通して、空虚な批判主義と非現実的な観念論から解放され、パラドックスの宗教へ移行する。普遍のために個を犠牲にするイエスという具体的な象徴の中で、無制約者の臨在が直観される反面、自律文化は恵みの宗教が他律的な秘蹟へと退化することを防止し、また汎神論的観念論は象徴が他律的となるのを防ぐ。それゆえ恵みの宗教（パラドックスの宗教）は、具体的な象徴の中に臨在する信仰の存在根拠と自律的形式主義をともに堅持する反面、キリストという具体的象徴によって、空虚な合理主義的批判を排除する。

宗教と文化は、パラドックスの宗教の中に収斂《れん》するが、パラドックスの宗教は、具体的な象徴の中に神政主義的排他性と秘蹟的直接性、つまりカルヴァン主義とルター主義の統合を直観する。例えば、パウロの聖霊の教義は、脱自的であると同時に、キリストという排他的な象徴と結合する。さらに啓示とは、無制約的な意味が意味形式を貫通し、突破して現われることであり、表現主義と呼応する。それゆえ文化においては、自律的な創造性は存在の深みの透視と呼応し、根源的意味の啓示の下でのみ精神は創造的となる。反面、信仰の確かさは根源的意味を指向し、疑いの中でも保持される。神秘主義は逆説によって粉砕されるのに対し、恵みは逆説（パラドックス）の中で生きるので、恵み（逆説）の宗教が究極的立場となる。

宗教概念の克服

「宗教哲学における宗教概念の克服」は、バルトの『ロマ書』の影響を強く受けた論文であり、主観と客観の対立を超越する無制約者はパラドックスによってのみ表現されると主張する。これは初期バルトとゴーガルテンの弁証法的神学の立場であり、神の確かさを人間の確かさによって置き換える宗教概念に反対する。宗教は、神を世界に、宗教を文化に、啓示を宗教史に、絶対者を相対者に依存させるが、これは宗教が制約された世界から出発して、無制約者へ到達する人間精神の機能であり、神の確かさより人間の確かさを根源的とみるからである。ティリッヒの哲学と神学の相関論が実存の問いから出発するのは、人間を出発点とする宗教から始めながら、人間の宗教がなんの役にも立たず、挫折し、神からの答えを求めることを意味する。

すでに言及したように、西洋の宗教哲学は、合理主義、批判主義、直観主義（現象学）の三段階から成立する。合理主義的段階は、古典的形而上学が啓示概念と両立しえた古典的正統神学の立場であるのに対し、批判主義的段階は宗教概念の優位を意識した近代神学の時代であり、現代の現象学は再び啓示を重視する。古典的人間は神中心に生きており、自然と超自然を峻別しなかったが、近代人の確かさの根拠は自我であり、神を世界から導出する宗教の優位を確立した。しかし近代的観念論は、神へ帰還するのではなく、自己の中へ退行するので、理神論は汎神論となり、神は世界概念、形式の形式、究極的綜合となる。それゆえ世界は神を吸収し、文化は宗教を呑み込む。

ところが一九〇〇年代になると、現象学は宗教概念に対して存在論的指向性の優位を主張する。ルドルフ＝オットーは、聖を人間の意識を貫通し突破してくるヌーメン（秘義的神性）と捉え、世界に依存せずに、神の実在性を直観し、神と人間、存在と思考を峻別する批判的方法を克服する。神は人間の自律的精神（宗教）が自己を放棄する処（人間の実存が疑問となる処）に現われるが、その場所が象徴であり、象徴は実在の確かさに参与する。さらに神の確かさが密《ひそ》かに臨在しないような自我の確かさはなく、人間は神に依存する。たしかに人間は普断は神なしに生きているので、人間から神への道は閉ざされている。しかし自意識の中に密かに臨在している存在根拠が人間の意識の自律的形式を貫通し、突破して現われてくることが宗教的には恵みであり、神から人間への道を開示し、ティリッヒの神学の答えを形成する。

ハイデガーの『存在と時間』の「序説」によると、哲学の本質は問うことであり、問いは自己の導きを問われているものから得る。詳言すると、存在を問うことは、問う人間の存在のあり方であるから、存在の問いは問い求められている存在によって規定される。したがって人間の問いが存在（世界性）へ関係する以前に、人間は存在によって関係づけられているが、この根源的関係が存在（意味連関）である。換言すると、道具的連関と人間を根源的に統合している神秘的ア・プリオリ（Woraufhin）、存在根拠（意味連関）は、普断は忘れられているが、道具が故障し、道具的連関が遮断され、日常の生活が行き詰ると、人間（実存）は初めて意味連関（存在）と人間の生きる意味（本来的あり方）に気付く。したがって存在根拠を垣間見る方法は、実存の本来的あり方、また存在（意味連関）の根底にまで透明になる現象学（神秘主義）的直観であり、構造的にキルケゴールの宗教性Ａ（倫理性）に対応する。

他方、『存在と時間』においては、実存の企投（自己超越）は無の深淵に直面して挫折するが、後期ハイデガーの『言葉への道』においては、敬虔な思考である問いは、人間を脅かす虚無を克服するために恵与された肯定的な答え、確約（Zusage）に聴従し応答することの中に生起し、後期ハイデガーの現存在（実存）の脱自、つまり脱存・開存（Ek-sistenz）と根源的存在（Seyn）の臨在の呼応（同一性）が、ティリッヒの聖霊論における哲学の問い（実存の自己超越）と神学の答え（存在の開示）の相関論に構造的に対応する。これはキルケゴールの宗教性Ｂ（真実の宗教）に構造的に対応するが、ハイデガーの存在は、虚無の脅威を克服する生起（Ereignis）、ティリッヒの存在の自己肯定を意味し、構造的には恵みの宗教、パラドックスの宗教に対応する。同様に、普遍性と具体性を統合するハイデガーの根源的時間は、過去、現在、未来を統合するキリストの出来事（Ereignis）に構造的に対応するが、ハイデガーは実存の問いに対する存在の答えを詩人の霊感から得る。

近代人は、自律的な世界の中で自律的な文化を形成し、存在の根拠（神）への道を閉ざすが、宗教は人間精神の自律的形式を否定すると同時に肯定し、人間精神を逆説的に形成する。したがって人間の精神は直観すると同時に粉砕されるので、神における人間の知識は神の霊感となり、人間の直観は神の神秘となり、人間の行為は神の恵みの贈物となる。このパラドックスを客観的に構成する正統神学は、霊感を神の客観的知識の超自然的な伝達行為と理解し、霊感の根源的意味を破壊する。他方、自然主義は無制約者を事物化し、神を人間の地平へまで引き下げる。ところが恵みの宗教は、存在の深み（有神論の神を超越する神）を事物化して最高存在者とすることを拒否し、人間の業である宗教を克服して、神の恵みによって神と人間の合一を達成する。

こうして『組織神学』への道は準備されたが、『組織神学』の根底（深み）は後期シェリングとハイデガーの深淵に対応し、その内核（本質）はドイツ観念論（思考）に対応し、その外核（存在）は実存の問いと啓示の答えの相関論となる。しかもこの三者が生ける統体（Gestalt）を形成するので、ティリッヒの体系（system）は、ハイデガーが『森の道』で語るような近代的世界像を形成するのではなく、近代的思考体系の破綻を内包する統体的思考形態（Gestalt）である。さらにティリッヒの『組織神学』の規範である新存在は、可能性ではなく現実性、歪曲した実存ではなく本質的実存を意味するが、新存在、すなわち実存の脱自、つまり脱存・開存（Ek-sistenz）はキリストの出来事とハイデガーの詩作の場（topos）において生起するので、両者の異同が問題となるが、両者の間に構造的相同性があることは否定できないであろう。

第四章　組織神学序論

弁証学的神学　ティリッヒ神学は、啓示と本質の同一性を主張するプラトン哲学とドイツ観念論を内核とし、深淵と存在の根拠の同一性を説くハイデガー哲学を根底とし、実存の問いと啓示の答えの相関論を外核（外的構え）とする。したがって時に応じて、プラトン的、ドイツ観念論的、ハイデガー的に思考するティリッヒは、究極的には実存の問いと啓示の答えを相関するキリストの出来事に依拠する。それゆえティリッヒ神学は、折衷主義的であると批判される難点をもつが、ティリッヒ神学を積極的、肯定的に理解すれば、その形態（Gestalt）論的思考は、認識理性によって抽象化され分析される以前の生ける有機体の統体的思考と性格づけられる。

詳論すると、ティリッヒ神学は護教的、弁証学的神学であり、キリスト教の永遠の真理と各時代におけるその解釈の相関論を本質とする。しかし歴史全体を包括する永遠の真理は、過去に形成され固定された正統神学の教義ではなく、過去、現在、未来を統合するキリストの出来事と存在自体（深淵）である。他方、永遠の真理と相関されるのは、実存の創造的自己解釈であるが、実存は堕落しているので、自由神学のように実存の状況から答えを導出することはできない。

神学と哲学を統合するものは、主観と客観の対立を超越する神秘的ア・プリオリ、つまりスコラ哲学の存在自体、シェリングの精神と自然の同一性、ヘーゲルの絶対精神、ハイデガーの根源的存在のように人間に究極的に関わるものであり、経験主義的帰納法（具体性）と形而上学的演繹法（普遍性）を統合する具体的普遍性、キリストの出来事である。ハイデガーによれば、人間の根源的あり方（存在）は関わり（関心）、つまり心理現象ではなく、存在のあり方としての関心なので、主観と客観の対立に基づいて最高存在者として対象化された正統神学の神は、根源的存在であるティリッヒやハイデガーの究極の関心から抽象された神概念である。

ハイデガー（1889～1976）

究極の関心は「わたしたちの神である主は、唯一の主である。心を尽し、精神を尽し、思いを尽し、力を尽して、あなたの神である主を愛しなさい」（マルコ一二章二九・三〇節）という献身の誡命を概念化したものである。また究極の関心（Gehalt）の内的実質は、人間を脅かすとともに救う絶対的存在、人間の存在と非存在を決定する力をもつ根源的存在であり、これが神学の第二の形式的規準である。つまり究極の関心は、人間を脅かす非存在であると同時に救う存在の力であり、シェリングの無の深淵やハイデガーの根源的存在に構造的に対応する。それゆえ普断は忘却されている存在自体（深淵）を開示することが、窮境に陥った実存の問いに答えるティリッヒ神学の課題となる。

存在自体（esse ipsum）によって支えられている広い世界を外核とすると、内核を形成するキリストの出来事は、一回限りの独自な出来事であるが、普遍的真理の具体化として普遍的妥当性を要求するので、存在自体とキリストの出来事の統合が哲学と神学の対応を成立させる。しかし存在自体とキリストの出来事はともに究極の実在なので、他者によっては証明されず、自己の真理性を体験を通して直接に証明しなければならない。それゆえ主客対立に基づく近代の認識論ではなく、前理論的な生と体験をして自己を見えしめる現象学的方法がティリッヒ神学の方法となる。現象学とは、自己を示すものをそれ自身の方から見えしめる学問的方法であるが、この自己を示すものを、通常の現象概念のように存在者（対象）とは見ずに、主客の対立を超越する存在自体、存在者のなかに隠蔽されている意味連関（存在）、実存の関心（Sorge）とみるのがハイデガーの現象概念である。それゆえ存在自体を開示するティリッヒとハイデガーの現象学的方法は構造的に呼応する。

哲学の問いと神学の答え　キリストの出来事は、実在の具体的核心であると同時に実在全体を包摂する普遍的な世界をも支えると主張するので、キリストの出来事が広い世界でも通用する事実を証明することが、弁証学的神学の課題となる。他方、古典哲学は、存在の根底（存在自体）

によって真、善、美を統合し、また客観と主観を統合し、実在を一全体たらしめる構造にかかわるので、存在の本質領域においては、古典哲学とキリスト教神学は構造的に呼応する。しかしティリッヒの神は古典神学の存在根拠（神）よりもハイデガーの根源的存在により近く、また後述するように、ティリッヒは自己の神（キリストの出来事）を宗教現象学の「聖」（神）から区別する。

それはともあれ、意味を精神的次元における存在の構造（あり方）と理解するティリッヒにとって、不安によって崩壊し、無意味になった世界を再構成し、根拠づけ、意味づけるのは存在の自己肯定であるが、ハイデガーの存在も意味としてだけ接近できるので、ティリッヒ神学とハイデガー哲学は呼応する。さらに古典哲学が、全体としての実在のロゴス（法則）と人間のロゴス（理性）の同一性に基づく純粋理性の立場に立つのに対して、神学は、究極の関心が自己を示す場所、つまり適時（カイロス）において歴史的出来事となったロゴス・キリストに依拠する。ところがハイデガーにおいても、隠蔽された存在の根拠を開示する時熟（カイロス）や出来事（Ereignis）が存在一般を支えるので、再びティリッヒ神学とハイデガー哲学は、構造的に呼応する。それゆえ神学は、存在の深み（恵み）を開示する「新存在」（New Being）を象徴するために、カイロスや出来事という哲学的概念を救済論的に使用する。さらに故郷を喪失し、自己疎外に陥った実存の問いに対して、神学は、非存在の脅威を克服する存在の意味である神の恵みと神の救いによって答える。

つまり哲学者も神学者も究極の関心に基づいて思考するので、ヘーゲルのような独創的な哲学者は隠れた神学者である。事実、創造的思考は宗教的な深み（存在の深み）に根差す神律的思考である。また哲学者の実存的状況と究極的関心がその哲学を規定する限り、さらに実在全体の普遍的構造がカイロスに基づく特定のロゴスによって直観される限り、哲学者は神学者である。他方、ヘーゲルは全体の意味を啓示するキリストの真理に根差しながらも、哲学者として普遍的ロゴスに仕えるために特定の場所を越えて純粋存在へ向う。同様に神学者が究極の関心という実存的状況へ向うのは、その普遍的妥当性、ロゴス構造を明らかにするためである。この事態は、バルトがアンセルムス論で信仰の中に包み込まれた論理、神の言葉の論理を明示する事実によって証明される。

ティリッヒにおける哲学と神学の関係は、キリストとしてのイエスにおいて具体化したロゴスが普遍的ロゴスであるというキリスト教の主張に基づいて、同一性と差異性の同一性という構造をもつ。例えば、ティリッヒは、新正統神学による自然神学の批判を受容して、良心、自然法、理性という本質構造から答えを導出しない。実存は堕落しているので、実存の救いは神の恵みによる。他方、ティリッヒは自然神学の背後にある神学的動機を容認し、哲学を体系の中に取り入れる。

組織神学の方法と源泉　神学の源泉が究極の関心であるとすれば、「神の言」と「新存在」は、それぞれ、聖書とイエスによって証しされた究極の関心であり、啓示の規範となる。したがって神学の批判的・形式的規範が聖書とイエスであるならば、神学の実質的・実存的規範は神の言葉と新存在（Ek-sistenz）であり、ティリッヒの批判的現象学は「キリストにおける存在の深みの現われ」（新存在）にかかわる。さらに宗教史の神学が、諸宗教によって問われている究極の関心に対する答えをキリストにおける新存在の中に見出すように、文化の神学は、哲学や芸術の根底にある究極の関心（Gehalt）を透視する現象学的直観にかかわる。

さて究極の関心である存在自体を、主客の対立を超越して、脱自的に直観するためには、生や体験を思索の根本に据える神秘主義の原理が必要となる。事実、シュライアマッハーの「絶対依存の感情」は神秘主義的に無制約者を直接経験することを本質とし、ティリッヒの究極の関心に呼応する。しかし歴史に対して与えられたキリストの出来事（実在）は人間の経験と同定できないので、ティリッヒは、宗教的対象を、前理論的な宗教的経験の性質や次元とみるルドルフ＝オットーやマックス＝シェラーの現象学と袂を分かつ。現象学や実用主義が「聖」を人間にとっての意味と理解するのに対して、ティリッヒの批判的現象学は、現象学的概念を「究極の関心」（キリストの出来事）の象徴的表現とみる。人間の精神と神の霊を同定するヘーゲルは誤っており、宗教的経験の規範であるキリストの出来事は、経験に対して与えられるが、経験からは導き出せない。これがキリスト教の独自性を形成し、哲学と神学の相関論におけるティリッヒの究極的な立場となる。

現代人は自己の実存的現状を分裂、無意味、絶望として経験するので、現代神学の規範は実存の疎外を克服する新存在である。この新存在、つまり信仰の内的実質を受容する理性が脱自的理性であるのに対して、論理的整合性を本質とする理性は技術的、形式的理性である。それゆえ神学的規範は、脱自的理性によって受容され、技術理性によって概念化される。例えば、ヘーゲルの三一神論は、神の生命の内的運動を永遠の自己からの分離と永遠の自己への帰還という本質構造として叙述するが、神の行為は人間の理性を破壊せずに超越する。ところがキリストの出来事は、実存の自己疎外を克服するために、本質領域から離脱して実存の条件下に現われるので、パラドックスを形成する。したがってティリッヒはキリストの出来事を現象学やヘーゲル哲学から区別する。

それゆえティリッヒの神学体系のどの部分を強調するかによって、ティリッヒ神学の評価は異なる。しかし形態とは、構成要素の総和ではなく、前理論的な統体を形成する。したがってティリッヒの形態的思考を肯定的、積極的に評価し、さらに新正統神学の創設者の一員としてのティリッヒの意図を考慮すれば、実存の問いとキリストの答えの相関論をティリッヒの最終的立場とみるべきであろう。

それはともあれ、ティリッヒ神学は、実存の問いに導かれて、啓示の答えに形式を付与することにより、問いと答えを統合する円環を形成する。人間が神について問うのは、人間と神の間に実存的分離と本質的統合があるからである。他方、実存の不安と非存在の脅威を経験した者だけが、不安を克服する勇気（根源的信仰）と、非存在（無）の脅威を克服する存在の力（啓示）を理解することができる。それゆえ神学の形式は問いの構造（哲学）に依存するが、神学の内的実質はキリストの出来事において開示された存在のロゴス（啓示）に依存する。したがって神学とは神の啓示（存在自体）を体系的な形式（哲学）によって解釈する学問となる。

第五章　理性と啓示

理性と啓示　古来、理性と啓示（信仰）の関係は、次の三つの立場によって論じられた。第一に、主観と客観の対立を超越する存在自体（神）は、認識（技術）理性によっては捉えられないので、「不合理なるゆえに信ずる」と説いたテルトゥリアヌスの立場、同様に世界の秩序を越える存在自体は合理的に表現できない事実（無知）を知ることが真の知識であると主張したニコラス＝クーザーヌスの立場、第二に、存在の深みの啓示（信仰）は自己固有の論理を内包するので、「知解を求める信仰」という形で理性と信仰の関係を理解したアンセルムスの立場、第三に、自然（理性）と恩恵（啓示）は、下部構造と上部構造という二階層をなすと説いたトマス＝アクイナスの立場である。

ティリッヒは、「両極構造によって存在の深みを担う生ける統合体」すなわち形態（Gestalt）に基づいて、まず、これら三つの立場を統合する。次に、聖書とキリストの出来事は、主客対立以前の究極の関心（存在自体）を表現する芸術的象徴と比論の関係にあるので、聖書解釈に固有の論理は現象学的（表現主義的）解釈学であると、ティリッヒは主張する。さらにトマスの自然と恩恵の階層説は、実存の問いと啓示の答えの相関論という形でティリッヒ神学の外的構え（外核）を形成する。

理性の構造（根拠）　理性は存在論的理性と技術理性を内包するが、存在の深みの一局面である存在論的理性は、自己と世界、主体と客体、理性と感情、自律と他律という両極に分裂した現実を統合し、癒す。同様に、宗教（神学）も分裂した世界と人間を統合し癒すが、存在論的理性によって支えられている技術理性は認識と計算の問題にかかわり、実存の問題とは関係ない。それゆえ、理性と啓示の問題は、主観と客観を統合し、目的を設定する存在論的理性の問題であるが、本質の領域では存在論的理性と啓示は矛盾しないので、プラトンやヘーゲルの本質主義の哲学は啓示と呼応する。さらに実存の領域では、自己から疎外した理性は救済を必要とするので、実存哲学とキリスト教神学は構造的に対応する。

さて創造的思考、真の思考は、分裂した存在論的両極を統合するのに対し、理論と実践の分裂を克服しない理論、諸悪を温存する理論は、マルクスによってイデオロギーと呼ばれて軽蔑された。同様に、芸術は、数学に対して閉ざされている実在の次元を開示するので、パスカルは美と愛の構造を「技術理性（幾何学的精神）が理解できない心情の理性（繊細《せんさい》の精神）」と名付ける反面、美と愛の構造を理解できない理性（幾何学的精神）を技術理性と呼ぶ。芸術家の理性は事物の内的意味を捉えるのに対し、技術理性は事物の表層的構造だけを把握する。

事物（Inhalt）の内的意味（Gehalt）を捉える芸術的理性は理性の深み（Gehalt）を表現するが、理性に先行する理性（存在）の深みは、本質構造を通して自己を表現するフッサールの根源的世界に対応し、また「その前では理性は沈黙せざるをえない」（unvordenklich）後期シェリングやハイデガーの無の深淵に呼応する。それゆえ理性は、本質においては、理性の深みに透明になるので、理性の深みを表現する神話を必要としないが、歪曲した実存の条件下では、理性の深みに透明にならないので、理性の深み（神）を表現する神話を必要とする。聖書とキリストの出来事は存在の深みの神話的表現を内包するが、神話は理性の深みを表現する象徴的形式であり、存在論的理性と矛盾しないので、非神話化する必要はない。逆に、神話は存在自体を開示し、人間の自己超越を可能にするので、実存の問いと啓示の答えを相関する。

実存における理性　精神と実在を構成する存在論的理性（根拠）は、存在（本質）、実存、生の過程という形で自己を展開する。したがって社会的、文化的諸制度は、存在論的理性（根拠）すなわち神によって形成されるが、人間の存在と理性は有限であり、実存は自己矛盾し、生は両義的なので、現実の理性は精神（人間）と実在（世界）を本質的に統合する存在自体を探究する。実存の制約下にある理性は、自己矛盾し崩壊する危険に晒されているが、本質構造を完全には失っていないので、実存的苦境の中にあっても、啓示を求める。

自律と他律は理性の両極的要素であるが、真の自律は存在の深みである神律に根差すので、実存の制約下にあるにも拘らず、理性の本質構造、自然法に従う。反面、真の他律も理性の深みに根差すので、根源的意味を表現する聖書に従って語る。つまり文化を形成する主観的理性（自律）と客観的理性（他律）は、神の存在論的理性（神律）によって形成される限り、本質的には堕落していない。この枠組みの中で、デカルトは、人間の主観的（技術的）理性によって形成された数学的（幾何学的）世界は自己固有の自律性をもつことを明らかにしたが、この神を抜きにして形成された数学的世界の確実さについて、パスカルはデカルトを批判したのである。事実、理性の深みを喪失して空虚となった啓蒙主義の自律は、神話と聖書を受容することを拒否し、他方、浅薄となった自律に対する反動としての他律は破壊的となる。つまり啓蒙主義の自律と正統神学の他律は、ともに理性の深みに根差さないので、相互に争い、相互に破壊し合う。しかし実存の制約下で分裂している自律と他律は、その根源的同一性（本質的統合）を完全には喪失していないので、両者を再統合する啓示（神律）を待望する。

理性は、本質構造においては形式的要素と情緒的要素を統合するが、実存の制約下では両者の統合は破壊される。しかし情緒と知識が分裂すると、思考とその宗教的深みは相互不信に陥り、疎外され、文化は崩壊する。例えば、認識領域における主知主義は、精神を真理へと駆り立てるエロースを欠除するので、存在の深みに到達できない。また「芸術のための芸術」という形式主義が意味という実存的性格を無視するのに対して、実存主義者ニーチェは生命力と創造性を抑圧する形式主義に反撥する。他方、単なる情緒主義は非合理的で無内容な主観主義に堕すので、実存の制約下における理性は、形式と情緒を再統合する啓示を探究する。ところが情緒と形式（論理）の統合は、本質主義の哲学者ホワイトヘッドが「情的知」という形で試みており、ティリッヒの実存の問いは、本質における知と情の統合という「あるべき姿」と実存の落差を前提とする。いずれにせよ、知と情の統合は、本質構造と存在の深みの両者によって可能となる。

認識理性と啓示の探究　実存の条件下における人間の認識の葛藤は、理性の両極構造に根差す。元来、知識は主観と客観の分離と統合に基づくが、主客の分離は主客の根源的統合を前提する。プラトンは知識の存在論的構造を、本質の領域における魂とイデアの原初的結合、実存の条件下における魂と真実在の分離、想起と認識における魂とイデアの再結合、つまり同一性と差異性の同一性として定式化したが、この弁証法的運動は本質、実存、本質化の弁証法的運動に根差す。実存の堕落を強調した初期バルトが、神と罪人の関係は完全に破壊されているので、罪人と出会うキリストは赤の他人であると主張したのに対し、ティリッヒは、神と人間の関係は本質の領域では維持されているが、実存の条件下では破壊されていると説く。同様に、認識論的理性も結合と分離の葛藤の中にあるが、この葛藤の中から、脱自的結合と認識的分離を統合する啓示認識への探究が始まる。したがってティリッヒにとって、神学とは、堕落した人間と世界の分裂した存在論的両極を統合する神律的思考の卓越した例である。

分離に基づく知識は、事物を客体化し、支配するが、技術理性はその顕著な例である。また支配的知識は、他者を自己の意のままになる事物に変え、他者から主体性を奪うが、事物化されるのを拒む他者を理解するためには、他者を交わりの中に受容し、その情緒面を尊重することが必要となる。つまり結合と分離、受容と支配を統合する理解にとって、事物を歪曲する認識論的理性の両極の相剋の克服が必須となる。

現代の産業社会の特徴である分析と計量に基づく支配的知識は、精密性と検証性を誇るが、霊性を喪失し、人間を事物化する。さらに認識論的非人間化は、実在を非人間化し、人間を生産と消費の巨大なメカニズムの一部品とするが、このように自然と人間を恣意的に操作することによって得られた知識は、正確であるが、空虚である。他方、ロマン主義は、支配的認識に反抗したが、真偽の検証ができず、象徴的直観と知識を混同する。例えば、精神性を強調したヘーゲルは、自然を疎外された精神と理解し、自然の他者性を見逃した。同様に、生の哲学も直観的参与と神秘的結合による知識を強調したが、その検証を怠り、さらに実存哲学も支配的認識と客観的世界から遁走して、検証の問題を回避する。ところが啓示の知識は、受容的（脱自的）認識（結合）と支配的認識（分離）の統合を要求する。

反面、現代の実証主義は、真理を経験的に検証できる言表だけに限定し、また近代哲学は、真偽の問題を理性的判断が実在を把握できるか否かの問題に限定する。ところが真存在（存在自体）は事物（存在者）の奥深く潜むことを好み、諸事物とは異なる有り方をしながらも、諸事物に対して存在する力を賦与する。したがって存在の深みは、本質構造にかかわる真理とは異なる真理概念を要求する。さらに判断の真偽を決定する検証は客観的方法に限定されず、全体性や個性を捉えるためには、参与による認識すなわち直観が要求される。そのうえ存在論的理性（根拠）は、支配的認識に基づく合理主義や実用主義とは関係ない。たしかに支配的認識は確実ではあるが、悪魔的な欲望によって操《あやつ》られるので、有意義ではなく、逆に受容的（脱自的）認識は有意義ではあるが確実ではない。それゆえ確実な知識であるとともに有意義な真理でもある啓示の探究が要求されるが、啓示の真理は脱自的認識（受容的認識）の蓋然性と不確実性を受容し、それを超越する。この受容的認識の超克が存在論的検証（evidence）、霊的検証である。以上、ティリッヒは、存在の深みの開示に固有な論理を求めて、パスカルの心情の論理、「情的知」、存在論的検証（evidence）に言及して来たが、遂に、自己固有の方法である批判的現象学（存在論的検証）に到達する。

啓示の意味と現象学　ティリッヒは啓示の意味を現象学的に解明するが、すでに言及したように、ティリッヒの現象学は、存在自体、存在の深み、世界と人間を統合する根源的存在、また無の脅威を克服する存在の恵みにかかわる。勿論、初期フッサールも理性以前という意味での理性の深みにかかわったが、それは科学の基礎を固める理性主義的な意志からであった。それゆえフッサールの純粋現象学は、本質直観の対象に関して、本質（可能性）と実存（現実性）を区別しないので、すべての個体が普遍を例証する数学や論理学では有効であるが、個体が普遍を個性的に具体化したり、反理性的な深淵を具体化する場合は、部分的にしか有効でない。

ところがハイデガーの場合、無の脅威によって実存が不安の淵に陥り、生きる気力を喪失し、創造神（存在根拠）を象徴する生きる意味（意味連関としての存在根拠）までが無の深淵に呑み込まれて、世界が無根拠（abyss, Abgrund）となるとき、逆説的に無を克服し、無意味となった自己と世界を再び意味づけ、根拠づける根源的存在（Seyn）、存在の恵み（意味）が開示される。この開示の出来事（Ereignis）がハイデガーの存在（真理）であり、無（罪）の脅威を克服する救済神によって象徴される。人間は非存在（無）によって脅かされ、実存的な不安の中に生きているので、救い（自己超越）が必要である。この普遍的な真理を、キリストの死と復活という具体的な事実（個性）が啓示する（見えしめる）が、このような具体的な例を選ぶ規準を提供するのが、ティリッヒの批判的・実存的現象学である。

したがってティリッヒは二重の意味でシェラーの宗教現象学を修正する。第一に、シェラーは、宗教と哲学を統合できず、宗教現象学だけにかかわるのに対して、ティリッヒは宗教現象学と存在論を統合する。第二に、シェラーが人間に内在する本質（価値）にかかわるのに対して、ティリッヒは外部から人間に対して生起するキリストの出来事にかかわる。

詳論すると、ティリッヒ神学の形式的基準は究極の関心（Gehalt）であり、この視座から預言者たちはカナンの宗教を批判した。ところが究極の関心の内的実質は、人間を脅かす非存在を克服する存在自体の自己肯定（出来《しゅったい》、生起）であり、神学の実質的内容とハイデガーの存在論は構造的に呼応する。預言者イザヤは、形式的にはアブラハムの神という具体的な契約神を普遍的な正義の神へ高めたが、その実質的内容は罪人に対する真の神への帰還の勧《すす》めである。それゆえイザヤの宗教の実質的内容は、イエスを罪人の救い主と脱自的に認めたペテロの告白（規範的啓示）に収斂《れん》する（ルカ五章八節）。歴史の意味が救済であるように、存在の意味は無の克服なのである。

啓示は隠蔽されている神秘を現わすが、真の神秘は主観と客観の対立以前の存在自体であり、「それに直面しては如何なる思考も不可能なもの」(das Unvordenkliche) である。真の神秘は、理性が理性以前の「有があって無がない」という原事実へまで駆り立てられたとき現われるが、この原事実・深淵をして自己を開示させる方法がティリッヒの現象学的方法である。人間が存在論的に非存在（無）によって制約されているという事実は、神学的には人間が不安に陥る事実を物語るが、これが深淵（神秘）の否定面を開示する。他方、神秘の肯定面は、非存在の脅威を克服する存在の力、存在自体の自己肯定によって指示されるが、存在自体を究極の関心（意味）として受容する人間がいなければ、啓示はない。この啓示の主体面が脱自であり、客体面が奇蹟、すなわち存在の神秘の顕現、徴《しる》しの出来事である。

脱自とは、理性が主観と客観の対立構造を超えることであり、存在自体が人間の精神を捉えるとき生起する。人間存在の根底を揺さぶる非存在の脅威が惹起する存在論的衝撃は、「なぜ存在があって無ではないのか」という根本的な問いを提起するが、その答えは存在の自己肯定、すなわち罪人を救うキリストの出来事が啓示する。この存在の自己肯定（存在の力）が虚無を克服し、自然の秩序を形成する出来事であり、存在の意味である。本質の領域で規則的なものが、脱自的経験を通して啓示の媒体（象徴）となる場合、カントの「上なる星の輝く空と内なる道徳律」が証《あか》しするように、創造の秩序は神秘性を失わずに合理性を現わすので自然神学が可能になる。つまり脱自と奇蹟は、それぞれ主観的な理性構造と客観的な自然法則を破壊しないので、トマスの「恩恵は自然を破壊せず、かえってこれを完成する」という真理が成就する。他方、実存の領域で不規則なものが啓示の媒体となる場合、象徴はキルケゴールの不条理の跳躍が指示するように、深淵的な性格を現わす。したがって理性は深淵について問うことはできるが、答えることはできないので自然神学は成立しない。存在の神秘を開示するのは脱自と徴《しる》しの出来事、存在の自己肯定であり、「存在の根拠と意味」に脱自的に透明になる者は、神の恵みによって自己を超越する聖者である。

ちなみにティリッヒが「存在の根拠と意味」と語る場合、存在根拠（創造神）までが深淵の中に埋没し、拠《よ》り処を失った人生が無意味になったとき、人生を再び意味あるものにするのはキリストの出来事（新存在）であることを意味する。つまり存在の根拠は、ハイデガーと同様に意味として開示されることを意味する。ところがティリッヒが自己超越（脱自）を達成し、人生を有意義にするためにキリストの出来事に参与するのに対して、前期ハイデガーは『根拠の本質について』において、超越を根源的生起、原歴史、原解答であると語る。したがって前期ハイデガーとティリッヒは構造的に呼応するが、内容的には異なる。いずれにせよ、ティリッヒの理性と啓示、哲学と神学、存在と意味の相関論は、理性（人間）が存在の深み（聖）と統合されることによって形成されるが、それを可能にするのが存在の根拠（神）の自己開示（啓示）の出来事である。

真正の啓示

以上、ティリッヒは、存在の本質（内核）と存在の根底において、哲学と神学の構造的相同性を主張する反面、実存（外核）においてはキリスト教の独自性を説く。詳言すると、実存の条件下では人間は疎外されているので、プラトンの想起や神秘主義の「内なる言葉」は、新存在からは程遠い。それゆえ新存在の使信は外から人間に対して語られるが、これが神学の答えを形成し、真正の啓示は終極的啓示すなわちキリストの出来事を意味する。この限り、ティリッヒはバルトに接近する。

たしかに終極的啓示は、インド教徒にとっては脱自的な神秘体験であり、ヒューマニズムにとってはイエス像によって示された道徳的自律である。しかしキリスト教徒にとって人間イエスを罪人の救主とした終極啓示は、次の出来事を意味する。すなわち、それは人間イエスが神の子キリストに対して自己を犠牲にし透明になった（神秘主義）だけではなく、むしろ神が人間イエスに現臨したこと（存在の自己肯定、生起、出来《しゅったい》）であった。終極的啓示は脱自（神秘主義）と奇蹟（啓示）の相関において生起し、脱自的な時（カイロス）において生起したキリストの出来事（啓示）は歴史に意味を付与する。したがってティリッヒは、本質主義（宗教性A）と啓示（宗教性B）、また神秘主義と啓示を統合し、哲学（同一性）と神学（差異性）の同一性を確立する。

啓示と宗教（文化）を同定する自由神学（本質主義）が終極的啓示を排除するのに対し、新正統神学は啓示を終極的啓示に絞って、一般啓示を抹消する。しかし一般啓示（本質主義）が準備した象徴（形式）なしには、時満ちて生起した終極的啓示を理解できない。反面、啓示の出来事（内実）に依拠して、媒体が自己を否定し、存在の開示に対して脱自的に透明にならなければ、預言者は新たな啓示の力で語れず、神秘主義者は存在の深みを瞑想できない。

神秘主義者が魂と存在の根拠に直結し、合理主義者が存在の深みに透明になるのに対して、預言者は神の言葉のパラドックス（宗教性B）を開示して、十字架の逆説を準備する。キリストは、神との合一（本質主義）を離脱して、非存在（悪）を克服する存在の自己肯定により、理性の深みを開示する。キリストの出来事は、救済の究極的力と啓示の究極的真理を統合するので、啓示と救済はキリストの出来事の中に客観的基礎をもつ。たしかに実存の制約下に生きる人間は啓示と救済を断片的にしか受容できないが、「顔と顔を合わせて」神と相見る終末の時、神の国においては、存在の神秘（深み）は、時間と空間の内部における啓示の逆説性や断片性を越えて現臨し、究極的啓示と究極的救済を統合する。

終極的啓示における理性　終極的啓示は、自律と他律の本質的統合を再建することにより、実存における自律と他律の葛藤を克服する。また終極啓示の媒体であるイエスは、聖なる存在の根拠に脱自的に透明になる神秘主義的あり方により、自律の空洞化を防ぎ、創造の秩序に霊的深みを与える。反面、神的根拠の現臨であるキリストを知らず、霊的深みを欠く人間の精神は、空虚、浅薄となり、分裂する。この空虚となった自律理性を救うのは、神話によって表現され、脱自的に経験された理性の深み（神律）である。神律が文化を規定した中世の初期と盛期では、アンセルムスの例にみられるように、理性は啓示と一致し、自律的形式を通して新存在を証しし、リビドー（根源的欲望）をアガペー（愛）へと昇華させた。

また終極啓示は、トマスの恩恵が自然を完成するように、理性を破壊せずに完成する。さらに終極啓示である新存在は、本質的実存であり、具体的普遍者として個性的に絶対者を表現し、批判主義と実用主義が達成しえなかった理性の両極の葛藤の克服を、実存の制約下に成就する。自律と他律、絶対と相対などの理性の両極の葛藤は、理性の本質構造によってではなく、理性の深みにおける神の恵みによる非存在（悪）の克服によってのみ達成されるので、相対主義を標榜する批判主義と実用主義によっては解決できない。ところがキリストが神との本質的同一性（理性構造）を放棄して実存の条件下に現われたことは、超理性、つまりパラドックスである。このパラドックスは、実存の条件下において本質化を成就し、存在の神秘を脱自的に表現するので、キリストとしてのイエスは、絶対主義と相対主義を統合するアガペーを逆説的に表現する具体的な出来事である。

さて認識行為においては分離と結合の両要素は衝突するので、分離を強調する技術理性は、分析理性の射程外にある神話や美的直観を、理性と認識の領域から除外し、感情の領域へ入れる。しかし古典神学は、この分裂を克服する終極的啓示の力を信じ、実存哲学も結合と分離の再統合を求める。現代の世俗人の技術理性を操《あやつ》るリビドーや力への意志は情に流され、イデオロギーや合理化は形骸化するので、真理の敵であり、形式主義と情緒主義の衝突を惹き起すが、「救われた理性」は実存の制約下においてこの衝突を克服する。現実の理性は新存在の癒しを必要とするが、新存在におけるる理性は神律的理性であり、絶対主義と相対主義、また形式主義と情緒主義の相剋を超越する。バルトが救いの啓示を古典哲学の存在根拠とは別の始元と捉えるのに対し、ティリッヒは、哲学的存在根拠とは別の始元である神の恵みを受容するとともに、神律と本質構造の同一性を肯定する神秘主義の立場を容認し、さらに実存の制約下においても神律を断片的に達成する古典的正統神学の立場を受容する。

またティリッヒによれば、神秘主義と啓示の母胎である深淵は、原因と実体より深く、啓示されても神秘性を失わない。神の生命は深みと形式、深淵とロゴスを動的に統合する聖霊であり、啓示を受容する脱自と啓示の出来事（奇蹟）を相関する。さらに神の言葉（ロゴス）は創造の媒体であり、沈黙する神秘的な深淵と具体的な存在を媒介するので、神の自由意志に基づく創造は、プロティノスの流出論とは異なる。神的深淵の神秘は、神的ロゴスを通して啓示されるが、深淵とロゴスを統合する啓示の出来事は神と人間の脱自において生起する。キリスト（神の言葉）は、すべての形式を呑み込むと同時に、すべての形式（ロゴス）を生み出す存在の深み（無底）の自己展開である神の生命の顕現であり、神の生命の核心を啓示する。以上、ティリッヒは哲学を中心に据え、神学を周縁的に扱うが、これが弁証学的神学の姿なのであろう。

第六章　存在と神

形態論的思考　現代の神学と哲学に固有な思想は、全体的（holistic）、両極（polarity）的、形態（Gestalt）的思考である。これらは根源的世界（存在自体）を表現するのに固有の思考であり、それぞれ、バルト、ホワイトヘッド、ティリッヒの思考の特徴をなし、アリストテレス以来、西洋の文法と論理に内在する主語―述語という、抽象化され対象化された世界に固有の実体・個体の論理を克服する。バートランド＝ラッセルも関係性に基づく思考は、対象化された世界に固有の論理である主語―述語という形式では表現できないと語る。この事態は神学的には次のことを意味する。すなわち哲学の問いは神学的立場（答え）によって異なり、また逆に問いの形式は答えの内容に影響を与える。さらに哲学と神学の相関論は、相互の呼びかけと応答の中に展開され、その過程の中で哲学の問いの形式は神学の答えに適合するように変化する。これが現代物理学の量子論と現代の生物学が明らかにした論理である。

自然における関係的事態は、分割不可能な力学的場所の論理（topology）という新しい思考方法を要請するが、この関係概念に基づいてバルトの神論は、「存在における行為」(行為論)と「行為における存在」(存在論)を統合する。またハイデガーの根源的存在(出来事・開存)も存在の臨在と実存の脱自を相関する。さらにホワイトヘッドが本質領域において「理念的に対立するもの」(ideal opposites)を統合するのに対して、ティリッヒは、本質領域において個別化と参与、力動性と形式、自由と運命を統合するドイツ観念論を堅持し、存在の根底においては運命と自由(転落した実存)を統合するハイデガー哲学と相同性を保持し、実存領域においては実存の問いと啓示の答えの相関論を展開して、形態論的存在論を形成する。しかも、ティリッヒの形態的存在は、認識理性によって抽象化され分析される以前の生ける有機体として、これら三重の局面を統合する統体的存在を意味する。さらに形態はその部分の總和とは異なり、部分の總和では汲み尽すことのできない統体である。

存在と神

キリスト教の神は父、子、聖霊の神である。したがってティリッヒの組織神学も、「存在と神」、「実存とキリスト」、「生と聖霊」を主要部分とし、それに神学序論として「理性と啓示」、終末論として「歴史と神の国」が付加される。理性と啓示の相関論から存在と神の相関論への移行は、認識論から存在論への移行を意味するが、啓示は主観と客観の対立以前の根源的世界、存在の深みを開示する。虚無(非存在)の脅威に直面した人間は、不安になり、「なぜ存在があって無ではないのか」と問うが、このような根源的な問いに対して、理性(消極哲学)

は答えることができない。無の脅威を克服できるのは存在自体の自己肯定（出来事）だけであり、理性はその構造を記述しうるに過ぎない。これが後期シェリングの啓示の哲学（積極哲学）が明らかにした真理である。

ティリッヒの個と普遍という本質構造は、存在論の第二のレベル（内核）を形成し、存在自体という第一のレベル（根底・最内核）を構造論（形態論）的に表現する。ちなみに形態とは、人間と環境の相互滲透という構造的意味をもった有機的生命体である。また力動性と形式の両極性は、本質の次元における存在者の相互依存性を、可能性と現実性という形で指示し、自由と運命の両極性は本質の次元における存在の力を表現すると同時に、本質と実存の落差を示す。

自由と運命の両極的関係において、制約された自由は、本質の領域から堕落して、実存すなわち存在論の第三のレベル（外核）を形成する。存在論の第三のレベルでは、無限性と有限性、自由と運命、存在と非存在、本質と実存という両極的関係における有限性が問題となる。存在論の第四のレベル（最外核）は、思考と存在の基本的諸形式であるカテゴリーを扱うが、カテゴリーは有限な存在と思考の構造であり、神学的に重要なカテゴリーは時間、空間、原因、実体である。「存在と神」の相関論は、存在の有限性が提起する問いに対する神の答えを扱うが、有限性や実存の窮境が例証する実存分析は、ハイデガーの哲学と同様に、存在自体の意味を開示する。

自己と世界　ティリッヒとハイデガーにとって、人間が自分の所属する世界をもち、自己と世界が依存し合うことは根源的経験であり、存在の根底を形成し、個別化と参与という存在の本質構造を支える。したがって世界を失った自我は空虚となり、人間不在の機械論的世界は生命なき事物の集合となる。そこでデカルトは純粋自我の空虚な思惟と死せる物体を再統合し、意味ある世界を形成しようとしたが失敗した。なぜならデカルトの対象化された実体の世界（Vorhandensein）、機械論的世界は、道具的連関（Zuhandensein）と人間の実存を統合する根源的世界（意味連関）から抽象された世界であり、存在の意味を隠蔽するからである。近代的な産業社会は人間の技術理性によって企投され、形成されているので、部分的には存在の深み（神律）から切り離されている。ところが、世俗的な工業社会も、根源的には聖なる存在の深みに根差しているのである。

人間は、近代科学の世界を形成した意識我の立場に立つ以前に無意識的、気分的に生きており、自己中心性という人間に固有の概念も動物は勿論、事物にまで付与されている。そこでティリッヒは、主客対立以前の生と体験の世界、また事物を客観化する以前の「関わりをもつこと」（関心）を、ハイデガー同様に、根源的世界と理解し、自己と世界を統合する存在自体（神）を究極の関心と定義する。この究極の関心が存在論的理性（根拠）であり、人間と世界を相互に依存させ、人間を主観的理性の担い手とし、世界を客観的理性の担い手として、主観‐客観構造を形成する。つまり存在論的理性（神）は、存在の深みと本質構造を形成し、人間と世界、主観と客観を統合する。

他方、主観と客観の対立以前の存在自体、存在の深みである神を客観的存在者とみることは、神を主観と客観の構造の中へ組み込み、神を諸存在者と並ぶ存在者へ格下げすることであるが、対象化された神はもはや神ではない。見ることは対象化する行為なので、ルターは神を客体（イコン）として見ることを禁止し、神の言葉と音楽に耳を傾ける（聞く）ことを奨励したが、これは神の言葉を人間の存在根拠とするためであった。またヘーゲルにとっては、人間が神を認識することは、人間の意識を通して神が自己を意識することの成就であり、神を認識する人間の精神が神の霊となることであった。

　換言すれば、神について客観的に語ることは、主観と客観の対立に先行する存在の深みを対象化するので、真理を覆う。シェリングやホワイトヘッドが説くように、人間は勿論、事物も主観性を全く欠いてはいないので、対象化される運命に抵抗する。反面、制約された主観から客観を導出することは不可能なので、シェリングは主観と客観の同一性を説く。さらに主観と客観の対立に先行する存在自体・存在の深みについて問うことは、理性の深淵を覗《のぞ》くことなので、有限な人間は、キルケゴールが語るように、眩《めま》いを起す。したがって存在自体（神）についての問いに答えることができるのは、存在自体の自己開示、つまり神の啓示だけである。

存在論的両極性　存在の深みに根差す形態（Gestalt）的存在は、個別化と参与、力動性と形式、自由と運命という本質構造をもつ。これらの存在論的構造は、人間は存在論的には制約された自由であり、神学的には不安に陥るという形で、人間存在の内部から経験される。存在論的両極性の第一の形態は個別化と参与であるが、個別化されて自己中心的になった人間は、精神と実在の理性構造を通して宇宙に参与する。理性によって、人間は中心をもち、世界は構造をもつ全体となるが、人間の個別化の目標が人格形成であるように、参与の最高の形式は人格的交わりである。つまり人格は他の人格との出会いや交わりを通して形成されるので、出会いや参与は個人にとって本質的である。

存在論的両極性の第二の形態は力動性と形式であるが、事物をして事物たらしめる形式は事物の内実、本質、存在の力であり、形式を喪失するものは存在を失う。他方、力動性は存在の可能性、非存在（mē on）であり、形式をもつ存在に比較すれば無（非存在）であるが、純粋の無（ouk on）にくらべれば存在である。そして力動性は、シェリングの第一勢位、すなわち創造以前の混沌、夜、空虚、またショーペンハウアーの盲目の意志、ニーチェの力への意志、フロイトのリビドー（根源的欲望）によって象徴される。キリスト教神学は、非存在（悪）の独立性を認めないので、神の生命の中に非存在（自然）を位置づけ、この非存在を神によって克服される自然とみる。

力動性と形式は、本質の領域で統合されて生命を形成し、人間の主観的理性の合理的構造を生命の過程において実現し、第三勢位の霊（精神）を形成する。人間は、方向性と形式を付与することによりリビドーを昇華させ、有意義な目標に向って自己を超越すると同時に、自己超越の基礎となる形式を保持する。生においては形式と生成は等しく根源的であり、個人は自己保存と自己超越を統合することにより成長するが、自己保存は個別化と参与の両極性に基づき、自己超越は力動性と形式の両極性に基づく。他方、人間の自己超越は人間を人格とする。したがって、神の存在論的理性（根拠）によって形成された文化は本質において堕落していない。また力動性（生命力）は新しい形式を創造するが、力動性と形式を統合する存在自体はハイデガーの出来事に対応する。

存在論的両極性の第三の形態は自由と運命であるが、制約された自由を行使することにより、人間は本質の領域から脱落して実存の領域へ移る。自由は人格を形成するが、人間は自己の排除した可能性を超越することと自己の決断に対して責任を負うことにより人格となる。運命は決断の基体となる存在の深みであるが、自由は運命の形成に参与する。反面、運命は自由を制約するので、自由を持つ者だけが運命をもつ。「あるべき姿」の人間（本質的人間）は、真の自由を束縛する因襲（宿命）を打破するが、頽落《たいらく》した実存は、真の自由を回復するためには、存在の深み（神の恵み）の呼びかけに応答しなければならない。

神（存在自体）が統合の原理であるとすれば、神からの分離は、存在（実在）と意味（価値）の喪失を意味する。ところが、自由と運命の分裂、つまり個人の希望を押し潰す世間の非情さに起因する人生の無意味さと人間の自己疎外を克服して、個と普遍を再統合し、意味を新たに創造する実在は「新存在」である。新存在は、実存の領域において本質を実現する本質的実存であり、キリストと呼ばれるイエスにおいて逆説的に現成するが、パウロの「新たに創られたもの」に由来し、旧存在（古い存在）の分裂を克服する。この逆説的な存在であるイエス＝キリストが実在しなければ、新存在は理念であって実在ではなく、現実の人間の疎外を克服できない。

ところがティリッヒは、キリストの出来事を離れても、新存在が現成する可能性を容認し、同一性と差異性の同一性の論理を堅持する。ハイデガーによれば、宿命に捕われることは、存在者に依存する非本来的あり方で、真の自由の喪失を意味する。したがって実存の本来的あり方（本質的実存）を確立するために、存在者（宿命）の支配から実存を解放すると、実存はすべての拠り所を喪失し、無の中に立たねばならず、不安の淵に投げ込まれるので、実存の問いが生れる。反面、人間を無根拠にする不安を克服する存在の恵みは、ドイツ観念論の神を超える無の深淵であり、人間に真の自由を付与する。これがハイデガーとティリッヒの存在の意味（新存在）であり、キリストの出来事とともに、神学の答えを形成する。

存在の構造と有限性　アウグスティヌスは、罪を非存在と定義し、非存在を存在に対する抵抗、存在の歪曲（プラトン）と理解したので、存在の問いは非存在（不安）による存在論的衝撃から生れる。ところが被造物としての人間は、非存在と存在の弁証法的関係の中に存在するので、永遠の生命を贈与するキリストは、アリウスの説くように被造物ではあり得ない。反面、被造物である人間の霊魂は、プラトンの説くように不滅ではないので、永遠の生命は存在自体である神から贈られる。したがって、存在の本質構造（内核）の喪失に基づく実存（外核）の問いに対する答えは、プラトン哲学ではなく、古典的正統神学の神とキリストからくる。

ところが神が生命の根拠であると同時に悪の説明原理であるためには、神の中に弁証法的否定性を定立する必要がある。ヤコブ＝ベーメの無底（Ungrund）、シェリングの深淵はその例であるが、ティリッヒの神は、無の脅威を克服する存在自体の自己肯定（出来事）を受容する勇気、つまり存在と人間を根源的、全体的に捉え、存在の可能性を実現する勇気、気配り、配慮、関心によって象徴される。非存在によって限界づけられる存在は有限であるが、ヘーゲルの真の無限は有限の存在の自由な自己超越であり、また無限な存在の現臨は有限な存在者を否定する非存在を否定する。さらに有限性が自己の運命であるにも拘らず、人間が無限性を求めること（哲学の問い）は、人間が無限性（神学の答え）に帰属するからである。他方、有限な人間が無限に自己を超越すること（哲学の問い）は、存在自体が人間に自己を顕示すること（神学の答え）と相関する。つまり本質の領域では、神学とドイツ観念論（哲学）は統合される。

カテゴリー

カテゴリー（範疇）は、精神が、実在を把握し形成する存在論的形式であると同時に合理的に語る文法的形式である。またカテゴリーは、存在とともに、存在者が従属する非存在を表現するので、有限性の形式である。時間、空間、因果性、実体というカテゴリーは、存在と非存在、勇気と不安を統合する。ちなみに、不安は非存在の脅威によって惹起される存在論的概念であり、指向的対象がないので、存在者を恐れる心理的概念である恐怖とは異なる。

ハイデガーの存在の意味は、過去、現在、未来を脱自的に統合する根源的時間によって開示される。同様にティリッヒにおいても、時間の中に生きる者は未来に対する不安を経験するが、不安を克服するのは、歴史全体を包括する存在自体の自己肯定を受容する勇気、つまり存在の意味である。反面、死についての不安において、人間は、歴史全体を否定する非存在を自己の内部から経験するが、死の不安は存在の構造（創造の秩序）に根差した存在論的不安であり、存在の構造を歪曲する罪とは関係ない。時間的実存の不安は、根源的時間（存在の意味）を肯定する勇気によって克服されるので、不安は、歴史全体を包括する時熟する時（カイロス）、存在自体の現臨（parousia）について問う。この時熟する時、存在自体の現臨は空間を押し拡げる。

したがって時間と同様に空間も、存在と非存在、勇気と不安を統合する有限性のカテゴリーである。存在することは空間をもつことであるが、場所を占めることは有限性を意味し、罪性を意味しない。空間的であることは存在論的に非存在に服すことであり、自己の場所をもたないこと(homeless）は神学的に究極の不安を意味する。それゆえ人間は場所をもたない不安を克服する勇気の源泉である存在自体について問う。

因果性も存在と非存在を統合するが、事物の原因（根拠）を指示することは、存在の力（根拠）を肯定するとともに、事物に存在する力が欠除していることを物語る。原因の問いにおいて経験される不安は、被造物が自己依存性（aseitas）をもたず、他者に依存（ab alio）している事実を指示する。では人間はなぜ存在し続けるのか。この問いに対する合理的で根拠（理由）ある答えはない。不安は日常の世界を無意味（無根拠）にするので、今迄、存在の根拠として通用していた根拠（古典神学の神）が無意味、無根拠となる。ハイデガーによれば、人間的実存は理由もなく投げ出されているので、自己の被投性（偶然性）を受容する勇気の源泉、つまり無意味となった世界を再び有意味にし、根拠づける存在の自己肯定（出来《しゅったい》）について問う。

有限なものにおける存在と非存在の統合を示す第四のカテゴリーは実体である。有限な人間は、その実体を喪失する不安をもつが、この不安がギリシア人を不変の実在への問いへと駆り立てた。変化に対する不安は、変化を惹き起す非存在の脅威に対する不安であるが、人間は実体性の喪失に対する不安を克服する勇気の源泉について問う。以上、四つの問いは、すべて非存在の脅威を克服するハイデガーの存在の現臨とキリストの来臨（parousia）の出来事によって答えられる。

本質構造の崩壊 非存在の脅威により存在の本質構造の両極が離反し、本質構造が失われることに対する不安は、次に実存が分裂し自己が崩壊し、非存在へと転落することに対する不安を惹き起す。さらに有限性は、力動性（衝動）と形式の両極を分離させるが、利己的衝動は固定化した形式（体制）の中で自己を喪失する反面、形式を破壊する利己的衝動は混沌を生む。そのうえ有限性は、自由と運命の両極を離反させ、必然性に起因する自由の喪失と、偶然性に起因する運命の喪失の危機を生む。そこで人間は、自己の運命の受容を恣意的に拒否することにより自由を救済しようとするが、逆に自己の自由と運命を失う。自己の運命を喪失することは、自己の存在の意味を喪失することを意味するので、運命から離脱した自由は恣意となり、運命の喪失は自由の喪失を意味する。

存在は、非存在と弁証法的な関係にあるので、本質領域においては有限であり、分裂と自己崩壊の危険に晒される。現実と理想、誤謬と真理、悪と善の対立は、本質の歪曲を前提するが、歪曲した実存（罪）は本質（法）によって裁かれる。実存が本質を表現すると同時に本質と矛盾する事実は、本質は実存に対して存在する力を与えると同時に、実存がそこから転落した「あるべき姿」であるという事実に対応する。プラトンは実存を本質の頽落態とみるが、キリスト教の創造論は、実存の積極面、肯定面を強調し、「存在すること自体は善である」（esse qua esse bonum est）と説く。他方、オッカムやヘーゲルは、実存を本質（可能性）の現実化と捉え、本質と実存の落差を否定したが、キリスト教は、本質を歪曲する実存と、創造（存在の本質構造）の善性との落差（ギャップ）を強調する。神学的には、本質と実存の区別は、被造界（創造の秩序）と現実界（罪の世界）の区別に対応し、ティリッヒの理解は正統的である。

人間の有限性と神の問い　神は、主観と客観の対立を超越する存在自体であり、個体ではないので、個体に固有な論理である実体と属性、主語と述語の論理形式によっては表現し尽せない。ところが古典的な神の存在証明は、最高個体としての神を、存在の階段を魂が昇ること（魂の自己超越）によって証明しようとするので、その意図は正しいとしても、方法論（形式）的には二重の意味で誤っていた。第一に神は個体ではないし、第二に非存在によって制約されている理性にとって自己超越は不可能だからである。たしかに有限な人間の中に含まれている存在根拠（神）を人間は意識しているので、神について問う。しかし神の意識（前理解）は証明（理解）の前提である。したがって自然神学は神について問う限り正しいが、問いに対する答えを提示する限り誤る。

ちなみにバルトやハイデガーによれば、存在（神）は、現成《げんじょう》、生起（Ereignis）によって自己の実在を啓示するが、このような存在理解は、表現主義を通してティリッヒの存在の自己肯定（存在の力）と呼応する。しかしバルトがキリストの出来事を自己の神学の中心とするのに対して、ティリッヒは存在の自己肯定を神学の答えとみて、体系の周縁で扱う。

神の存在論的証明は、有限性の存在論的構造を指示するが、人間は、無限の可能性をもつにも拘らず、自己の有限性に気づいているので、自己の根拠である無限（神）を問い、自己の不安を克服する存在自体を問う。それゆえティリッヒは、自然神学（本質主義）を容認する古典的正統神学と、神の啓示（存在の生起・出来《しゅったい》）だけに依存するバルト神学の中間に位置する。神の存在論的証明は、無制約的なものが有限な人間に現臨する事態を叙述するが、現臨、臨在（parousia）は到来（出来）を意味し、静的な存在（ousia）である実在よりも根源的である。無限なものは、アウグスティヌスの真理、カントの善として現われるが、両者はプロティノスの深淵（一者）に根差す。ところがアウグスティヌスは真理（本質）と神（最高存在者）を同定することにおいて誤り、カントは倫理的無制約者と神を同定することにおいて誤る。さらにアンセルムスの神の存在論的証明は、主観と客観の対立を超越する無制約的なもの（存在自体）を語る限り正しいが、存在自体と最高存在者（神）を同定する限り誤る。

神の宇宙論的証明は、非存在の脅威を克服する存在自体、不安を克服する勇気（根源的信仰）の源泉について問う。非存在の脅威がなければ、人間は安全なので、存在の根拠を問う必要はなく、神の問いは生れない。それゆえ有限性の構造を通して、宇宙論的な神の存在証明は、第一原因である神へ遡行し、また偶然的実体から出発して必然的実体である神へ到達する。しかし第一原因と必然的実体は、ともに有限なカテゴリーであり、有限性とカテゴリーを超越する真の神、すなわち非存在を克服する存在自体の自己肯定を象徴するに過ぎない。したがって宇宙論的神の存在証明の真意は、非存在の脅威を克服するティリッヒの存在自体の自己肯定、ハイデガーの存在の生起の究明に帰着する。

神の存在の目的論的証明は、神の両極的要素の統合を脅かす非存在の克服を意図する。目的論は、有意味な存在の構造に基づき、非存在によって脅された有限的意味を跳躍台として、無限の意味を問う。自由と運命を統合する存在の意味（生きる意味）を見失った者は不安になり、非存在の脅威を克服する無限（存在自体）の意味を問う。古典神学の神の存在証明は、最高存在者について説明（explanation）するので、諸存在者を包括する空間的世界に固有の場所をもつが、ティリッヒの存在の意味は、不安を克服する存在自体の現臨、つまり過去、現在、未来を統合する根源的時間の到来、すなわち時熟する時（kairos）であり、究極的には頽落《たいらく》した実存を救うキリストの出来事である。したがって神の存在証明の真意は、存在自体の現臨、キリストの到来（parousia）の出来事（神学の答え）を待つ人間のあり方（実存の問い）を表現する。

第七章　神の実在性

宗教史の神学　ティリッヒの最初の学位論文は『シェリングの積極哲学における宗教史の構成』であり、彼の最後の公開講演の主題は「組織神学者にとっての宗教史の意義」である。さらにティリッヒの生涯の課題は、キリスト教の聖書に基づく狭い意味での神学ではなく、キリスト教を冠（頂点）とするとはいえ、宗教史の神学である。したがってティリッヒは、聖書の言葉やキリストの出来事を中心として神学を始めるのではなく、諸宗教や哲学を中心に据えて、自己の神学体系の終りや周縁（eschaton）において、これら諸宗教や諸哲学に対するキリスト教の優位（差異性）に言及する。これは、初代キリスト教会の弁証学の系譜に属し、バルトの啓示の神学との根本的差異を指示する。

したがって啓示の答えも、本質領域におけるプラトン哲学やヘーゲル哲学、実存領域におけるハイデガー哲学、また諸宗教によっても提示される。たしかにキリスト教は終極的解答を提供するが、諸宗教の解答も、それぞれ固有な意味において予備的な解答であることが承認される。いづれにせよ、実存の問いは、存在の両極的統合の破綻によって生まれるので、存在の両極の統合を実現する限り、諸宗教は自己固有の解答を提供する。それゆえ『組織神学』の中心（頂点）である神の実在性（根源的存在の啓示）においても、ティリッヒは諸宗教の現象学的考察から始める。

神の意味の現象学的記述 では一体、神とは何か。現象学の視座からみると、ある人の究極的関心はその人にとって神である。人間の関心の的となるのは具体的なものだけであるが、究極の関心は有限な存在者の領域を超える。つまり神々は、具体的に経験されるにも拘らず、日常の世界を超えるので、人間の性質や自然の力を超自然の領域へまで高めたものである。それゆえフォイエルバッハによれば、神々は有限なものの諸要素を投射したものであるが、投射（projection）するには、形象を受像するスクリーンが必要である。両者の関係は、フッサールの図（Figuren）と地（Grund）、自然的意識（形式）と絶対的意識（形式）、ハイデガーの存在者と存在（意味連関）の関係に対応する。したがって宗教と神は根源的であり、文化によって投射されたものではないので、文化が自律的になり、世俗的になっても、宗教は存続し、神は実在性を喪失しない。

宗教史は、神の力を利己的に利用する呪術について語るが、呪術的関係は個体としての神の力へ参与する基礎となる。他方、自由意志をもつ神に対する嘆願は、神概念における具体性（利己主義）と究極性（普遍性）の緊張関係を例証する。したがって自由神学者リチュルが感謝の祈り（普遍性）だけを容認し、呪術的要素（具体性）を排除するとき、彼の宗教の倫理化は存在の深みの喪失を意味する。反面、根源的力に参与する神秘主義が神々を軽視するのは、神々が根源的力（深淵）を表現すると同時に隠蔽するからである。さらに現象学において神と人間の関係が神の本質となるのは、神は対象（個体）ではなく、主観と客観の対立を超越する究極の関心だからである。したがって脱自・開存（Ek-sistenz）が主客の対立を超越する存在自体への参与を指示するとすれば、人間と神の関係は脱自、開存・脱存（実存）的である。

神々は聖であるが、「聖」は経験される現象であり、現象学的に記述される。他方、ルドルフ＝オットーは、聖の意味と神の意味は相互依存し、ともに究極の関心から導出される事実を指摘する。オットーのヌーメン（秘義的神性）の経験は、神的なものの臨在・現臨を意味し、聖の神秘的性質は主客の対立を超越する。また人間を畏怖させ（tremendum）、魅了する（fascinosum）聖は、人間を呑み込む深淵であると同時に非存在の脅威を克服する存在自体に呼応する。したがってティリッヒにとって、神は相反するものの統合の中に生起し、実在し、反対の一致によって象徴される。

聖は、聖なる事物を通して現実となるが、聖の媒体は自己否定によって聖に透明になる。他方、自己の聖性を主張する媒体は魔的となるが、預言者による魔性の批判は聖を善に変える。元来、聖と不浄はヌーメン（numen）的性格をもつが、倫理的基準の介入は不浄を不倫に変え、聖の神秘性（ヌーメン性）を奪うので、カルヴァン主義者と清教徒にとって聖は清潔となる。反面、魔性（第一勢位）と神性（第二勢位）は、ともに存在の深みの中に畳み込まれているので、存在の深みが臨在（現臨）する時と処に、聖は現われる。

類型学的考察　宗教的関心の具体性と究極性はそれぞれ、多神教と一神教を生み、両者の均衡は三一神を生む。他方、聖と俗は、実存の条件下では分離しているので、神と人間の質的差異を説くバルトの立場を生む。反面、本質の領域においては聖と俗は統合されるので、宗教的究極者（神）と世俗的究極者（存在）は呼応する。つまり本質の領域では神学と哲学は統合されるが、堕落した実存の条件下では両者は離反する。

多神論は、多数性を超越する究極性を欠くので、神的な諸力が、具体的状況において各自の究極性を主張し、世界の統合を脅かす危険性を孕む。他方、ロマン主義と汎神論は、普遍的な存在の力に根差すので、世界を統合する。反面、神話の神々は、人間の具体的関心に対応する神的な諸力の人格化であるが、神々の人格化は人間が非人格的なものに究極の関心を抱けない事実に基づく。二元論的類型の神話は善悪二元論的な歴史解釈を生むが、一神論は神概念の究極性により神話を破壊する。

人格神は人間が抱く究極的関心の具体性に基づくが、神は人格以下でも超人格的でもありうる。動物神は、人間の究極的関心を、動物が所有する超人的なエネルギーによって表現する。反面、人間が平伏《ひれふ》し祈る神は究極的な神なので、君主的類型の一神教を生み、さらに神々も服従する宿命は抽象的類型の一神教を生む。二元論は、神の中の破壊性と建設性、善と悪を区別することにより、神の秘義的性格を克服するが、マニ教では究極的関心を表現する善神は悪神に勝るので、悪神の力は限定される。またゾロアスター教では究極的原理である善は、善と悪を包摂するので、二元論的一神教が成立し、キリスト教の三位一体論を予示する。

一神教と多神教の境界に立つ君主的一神教の天帝は、神々を支配するギリシアの神ゼウス、また天使達や諸霊を支配する万軍の主エホバによって例証される。さらにインドの神秘主義的一神教は、具体的な神々を超越する究極的な深淵によって例証されるが、具体性を抑圧できず、多神教に対して開かれている。他方、排他的一神教は、具体性と究極性を統合するイスラエルの預言者の宗教の系譜に属す。イスラエルの神は、アブラハム、イサク、ヤコブの神といわれるように具体的な神であるが、普遍的正義によって自己を批判し、利己的な有限的存在者の魔的要求を排除する。しかし究極の関心は具体的要素を必要とするので、キリスト教の神は三一神となる。

君主的一神教の最高神が、神々に変身して自己を具体化するのに対して、密儀宗教の神は、罪と死に打ち勝つ究極的な神であるにも拘らず、人間の運命と苦悩と死に具体的に参与する。さらにキリスト教の具体的な要素はロゴスとメシアであるが、ロゴスは神と人間の仲保者となり、人間イエスは救い主（メシア）となるというパラドックスを導入する。以上、ティリッヒは、諸宗教の神論（啓示の答え）の現象学的考察を通して、キリスト教の三一神は具体性と究極性を統合するので、自己矛盾に悩む実存の問いに対する答えを形成する事実を示す。象徴論の視座からみれば、ティリッヒが諸宗教の神論を統合する最終的で最高の形式としてキリスト教の三位一体論を指示する方法論は、ポール＝リクールが『悪の象徴論』でキリスト教の罪について試みている方法論の原型を形成するといえよう。

存在自体と象徴　存在自体であるティリッヒの神は、本質と実存の分裂に先行するので本質ではなく、存在（実存）と意味（本質）の根拠である。また存在自体、無制約的な力と意味である神は有限な存在者を無限に超越するのに対し、人間は有限性のカテゴリーによって制約されるので、最高存在者という概念も神を存在者（実存）のレベルまで引き下げる。それゆえスピノザとライプニッツが、それぞれ、有限な存在者の実体、また有限な存在者の原因として神を定義する時、究極的実体や第一原因という概念は、存在自体すなわち創造的・深淵的な存在の根拠の象徴的表現であると解釈さるべきである。つまり宗教的な神は、哲学的には存在自体であり、キリスト教の創造神（力の神）は、哲学的には存在の力、スピノザの「能産的自然」（natura naturans）によって象徴される。

中世神学は、この世の事物を否定する「否定の道」とこの世の事物を超越する「卓越の道」を通して超越神について語った。ティリッヒの神についても同様に、存在自体という概念は字句通り受容されるとしても、他の神概念はすべて存在自体を表現する象徴となる。象徴は、荒磯の岩という概念が人間の具体的な経験に基づきながらも、有限な経験を超越して神の永遠性を指示するように、自己を止揚する。つまり象徴とは、自己が指示する超越的な実在によって、自己の通常の意味が否定される事物であり、同一性と差異性の同一性によって性格づけられる。

宗教的象徴は、有限な事物を無限の神の次元へまで引き上げると同時に、無限の神を有限な事物のレベルまで引き下げる。したがって預言者による偶像批判は、木片にまで引き下げられた神の像に対してなされ、本質と実存の落差を強調する。他方、「父なる神」という象徴は、人間の父子関係を聖化し、神と人間の父子関係という規範的次元へまで引き上げる。また神の自己顕示を「神の言《ことば》」と呼ぶのは、人間の精神（霊）を表現する人間の言葉（言霊）の神聖性を強調し、実存の次元における神と人間の関係を本質と存在の深みの次元へまで引き上げている証拠である。したがって神の存在論的属性は神の宗教的な象徴（属性）と相関されるが、このような象徴が生まれるのは、究極の関心によって捉えられた実存（人間）の脱自的なあり方（勇気）においてである。つまりティリッヒの象徴的言語を支えているのは、実存の脱自的あり方と根源的存在（神）の開示（啓示）の相関関係、すなわち神の実在性である。ところが堕落した人間によって構成される世俗社会では、存在自体に参与する象徴的言語を支える神律的世界と実存の脱自的自己超越は失われるので、象徴は、単なる記号、日常言語に堕す。

生ける神

生命は、存在自体の自己肯定であり、可能性が現実性となる過程、根源的同一性と分離と再結合の過程であるが、純粋絶対者である神には可能性と現実性の区別がないので、生命は神の象徴に過ぎない。ところが象徴は存在自体に参与するので、神に生命の根源であり、その限り神は生きている。旧約聖書の預言者は、擬人的に神について語りながら、神的根拠の神秘性（存在の深み）を保持する。同様にティリッヒの神論は、自然神学のように存在論的体系から導出されるのではなく、聖書の象徴（啓示の答え）を脱自的に解釈することにより形成される。

すでに前章の冒頭で言及したように、根源的存在（思考）、神的根拠の神秘性は対立する両極を統合するので、存在の形態的両極性の統合は、神的生命、根源的（本質的）生命を象徴する。したがって人格（個）と遍在（参与）、自己超越と形式（不変性）、自由と運命（摂理）の統合は神の生命を象徴する。シェリングによれば、生命の冠（頂点）である人格性は、生命の源である深淵の中に畳み込まれているので、人間は人格となる過程にあるが、人格の存在論的根拠と目標の統合が人格神を象徴する。ちなみに古典劇において、登場人物（実体）は、役を演ずる者（persona）として物語の冒頭に列挙され、人格（persona）と実体（hypostasis）は統合されており、ティリッヒの存在自体である神を象徴するが、神が中心をもつ一人格となったのはカント以降のことである。

次に力動性は潜在力、エネルギー、自己超越性を指示し、形式は現実性、志向性、自己保存性を指示するが、形態的存在である生命は両者を統合する。したがって思考の思考、形式の形式であるアリストテレスの神は生ける神ではない。他方、ベーメの無底、シェリングの第一勢位、ニーチェの力への意志はエネルギーを強調し、神の創造性と神の歴史への参与を象徴する。つまりティリッヒの存在自体は、字義通りの生命の神を意味するのではなく、エネルギーと形式、可能性と現実性、生成と静止を統合する生命によって象徴される神秘的な生命の源泉である限りにおいて、生ける神である。したがって古典哲学の静止した存在よりも、ヘーゲルやシェリングの生と過程の方がより十全に神を象徴するが、究極的には存在と生命（過程）の統合が神の実在性を象徴する。

ちなみに、ティリッヒのアリストテレス解釈に対して、アリストテレスの純粋現実有（actus purus）は、形相の形相という抽象的で空虚なものでなく、有の現実態であるという反論がなされる。さらにティリッヒの神の実在性（啓示の答え）は、形態的存在の両極を統合するので、本質の領域では哲学と神学は統合される。したがって力動性は、本質の領域ではエネルギーとして創造への参与の象徴となる反面、実存の条件下ではリビドーや力への意志という破壊的な力として被造物に対する非存在の脅威となり、実存の問いを形成する。この差異は、ユングが存在の深みと本質の領域において原型（形式）とリビドー（エネルギー）を統合するのに対して、フロイトが実存の条件下においてリビドー（力動性）の危険性を指摘する事態に対応する。

第三に、神は自由に世界を創造し、救い、完成するが、無の深淵（暗闇）から光を創造する神の自己依存性こそ真の自由である。他方、運命は、法則と存在自体の神秘性を象徴し、生成と歴史への神の参与を象徴する。啓蒙主義は、人間を束縛する宿命（運命）を打破する自由を尊ぶが、堕落した人間の恣意は、神の自由な呼びかけ（運命）に応答することにより真の自由となり、神の国（救済史）の実現に参与する。それゆえ自由と運命の両極の統合は生ける神の象徴となる。

存在自体（深淵）は、生命として自己を実現し、霊（精神）として自己を完成するので、聖霊は神の生命を表現する最も包括的な象徴となる。霊的生命は、力（身体）と意味（精神）の二元性を超越・統合し、聖霊の神は、理性の批判的光と無意識の創造的闇を包摂し、光（第二勢位）を実現する力と力（第一勢位）に指向性を与える意味（光）を統合する。つまり三一神論は、霊的生命の過程内の諸契機を統合する。第一原理である深淵（力）は万物の存在根拠であり、第二原理である意味はロゴス・構造であり、神の深みを写す鏡、神を客観化する原理である。第二原理なしには、第一原理は魔的な混沌、煮えたぎるマグマであり、創造の根拠とはなれない。第一原理（恣意性）と第二原理（客観性）を統合する第三原理の霊（精神）は、深淵から現われ、深淵において潜勢を現勢に変え、ロゴスにおいて語り、神の生命を完成する。

創造の神

神は永遠の相下に自己自身と世界を創造するので、本質領域における創造神は、有限な時間的存在者（被造物）の問いに対する答えとなる。有限な人間の問いが本質によって答えられる限り、神の中に内在化されたイデア（本質）に基づく新プラトン哲学の答えは容認される。しかしプラトンのイデアは質料と形相の二元論を前提するので、無から万物を創造する創造神とは異なる。神の生命の創造過程は、本質と実存の分裂に先行し、理性では割り切れない存在の深み（神秘）である。ところがプラトンの実存の問いと本質の答えは、神の生命の中に固有な場所をもつので、生命の根底である創造神の答えの次元には到達しない。したがって古典的な自然神学は成立しない。詳言すると、「無からの創造」の教義は、無を絶対的な虚無（ouk on）と解釈するので、無を可能性（mē on）と理解するギリシア哲学の二元論、シェリングとハイデガーの深淵（mē on）からキリスト教を防衛する。したがって、ティリッヒはキリスト教の神を本質主義の哲学とハイデガー哲学の存在から区別し、ここに終極的な意味で哲学の問いと神学の答えの相関論が成立する。

人間は自己の自由を実現するために神の生命（存在根拠）から離脱するが、これが堕落であり、人間は神の生命の内部（本質領域）と外部（実存領域）に存在することになる。創造と堕落が一致する点は、人間が神の生命（創造の根拠）に根差すこと（同一性）と自己の自由を実現すること（差異性）の同一性を意味し、本質と実存の間に落差がなく、実存（現実性）とは本質（可能性）の実現であることを意味する。これはヘーゲルの創造論、アリストテレスの現実理解に共通する。この文脈で人間が神の像と呼ばれるのは、創造的根拠である神と同様に、人間も存在の両極すなわち実存と本質、存在と思考、自由と運命を統合することを意味する。ところが現実の人間は自由と運命を統合できず、堕落し、実存の問いが生まれるが、存在自体の力（神学の答え）によって、人間は非存在の脅威に抵抗する力を得る。

この事実は、人間の独立を認め、破壊から人間を保護し続ける神の保存的創造の働きについて語る。ニュートンの機械論的世界観は保存的創造論を排除したが、虚無の脅威に晒された現在では、ニュートンの自己充足的宇宙論は揺ぎ、神の保存的創造論は復活する。神は、創造的根拠として世界に内在するが、世界を自由に超越する。したがって神の超越と内在は、万有在神論の神と人間が出会い、衝突（分離）し、和解（再統合）する事態を、空間的象徴によって表現する。この限りティリッヒはバルトに接近する。ちなみにホワイトヘッドもニュートンの機械的世界観、自己充足的宇宙論を批判することにより、神の内在と超越を統合する汎内神論をティリッヒ同様に堅持する。
摂理の教義は、歴史の無意味さにも拘らず、歴史的実存に生きる意味を与える預言者の歴史解釈に基づき、ハイデガーの歴運《ゲシック》の概念に近づく。ハイデガーの呼びかけという存在（存在の臨在）と実存の脱自的応答（開存）の関係の断絶が、イエスの死に対応し、人生の無意味さを惹き起し、実存の問いを生むとすれば、両者の統合がイエスの復活に対応し、世界を再び意味づける神の答えとなり、摂理の教義を確立する。とすれば、神の実在性は、究極的には無（イエスの死）と存在の自己肯定（イエスの再生）を統合するキリストの出来事によって象徴される。さらに生命の神と救済の神は、非存在を克服することによって統合され、神の実在性を指示する。カントの目的論、ライプニッツとアダム＝スミスの予定調和論、ヘーゲルとマルクスの弁証法は、神の神秘（摂理）を合理化するが、人間的実存の諸条件を包摂する神の指導的創造は、人間の自由と運命を統合する。さらに神の指導的創造性は、人間の祈り（実存の問い）に対する神の答えを形成するが、真剣な祈りが力をもつのは、実存の状況を変える神の指導的創造性（神の答え）に対する信仰に根差す。

関係における神　存在自体である神は関係の根拠であり、神の生命はすべての関係を内包する。ヘーゲルは、人間を通して自己を認識する神、客体（対象）となるにも拘らず、主体であり続ける神について語るが、聖と俗は切断されているので、ティリッヒの神はヘーゲル的な汎神論の神ではなく、聖と俗の関係はパラドックスを内包する。またティリッヒの「汝」である神は、

「我」の全関係を包摂する存在の根拠であり、主客の対立を超越するので、象徴的にのみ語られる。したがって神と被造物との外的対立関係は、汎内神論・万有在神論（panentheism）の神の象徴的表現である。他方、存在自体への参与を意味する勇気は、実存の有限性と不安を包摂するが、存在の可能性を脱自的に実現する勇気は、破壊された意味連関（存在）を再建する。

全能は時間的には永遠、空間的には遍在、認識論的には全知を意味するが、永遠は時間を包み込み、実存的時間の諸瞬間を超越的に統合する。したがって永遠の神を信ずることは、老、病、死という時間における否定性を克服する勇気を意味し、永遠の生命とは霊魂の実体性（不滅性）ではなく、存在自体への人間の参与、つまり脱自を意味する。

遍在する神は、空間的存在の基礎であるデカルトの延長性を創造し、延長性に参与し、延長性を超越する。神は身体的な存在者ではないが、聖霊なる神の生命には身体的存在者が参与し、身体的に甦ったイエスには三一神が参与する。したがってキリスト教は身体を悪とみるギリシア的二元論を排除する。さらに神の遍在性（神学の答え）は、自己固有の場所をもたない（homeless）空間的実存の不安を克服することにより、不安が惹き起す実存の問いに答える。

神の全知は、全能と遍在の神の精神的性格を形成するが、万物は存在のロゴス構造に参与するので、力動性は形式的統合を破壊せず、神の深淵的性格は神の生命の理性的性格を無化しない。また人間により隠蔽された暗闇は、神の霊的生命の中では透明になるので、隠蔽と暗闇に起因する人間の不安（実存の問い）は、神の全知に対する信仰（神の答え）によって解決される。

ヘーゲル（1770～1831）

存在自体である神の実在性は生命を意味するが、生命と愛と知識はすべて根源的同一性と分離を再統合する。分離したものの再統合は、愛のすべての形、つまり人間の根源的欲望（libido）、友愛（philia）、自己超越（erōs）に共通する。神の愛（agapē）においても、神から分離した罪人を神の生命の中に包み込むために、神は自己を犠牲にする。また三位一体論においては神は自己自身の根源分割を通して客体となった自己自身（キリスト）を愛し、創造論においては神は自己自身から分離し、疎外した人間を愛することにより自己自身に対する愛を完成するが、これがヘーゲルの哲学体系の骨格を形成する。したがって根源的同一性と差異性の同一性という愛と生命と知識の構造においては、神学と哲学は呼応する。しかし神の愛（アガペー）による罪の赦しは、本質哲学では説明できないので、これが哲学と神学の差異となる。したがってトマスの「神の恩恵は自然を破壊せず、かえって自然を完成する」という言葉は、ティリッヒのエロースとアガペーの関係にも適用される。

神による罪人の断罪は、愛の否定（罪）の否定なので愛の行為であり、神は、断罪することにより罪人を放棄するが、地獄にまでも罪人を追い、救う。事実、義認の教義は、不義な人間を愛する神の恩恵を表現する。神の恩恵は、まず存在自体に人間が参与することを容認するプラトンの存在論（創造論）的恩恵であり、次に罪人を受容するパラドックス（救済論）的恩恵であり、最後に両者を統合する摂理（聖霊論）的恩恵である。神の予定（選び）は、自由と運命、実存と深淵（恵み）を統合する神の摂理に根差すが、神の愛が先手を取る。したがって神学（恵み）は哲学（理性）を超えるが、ハイデガーの存在論は、恩恵の神秘を表現する神律的存在論である。

さて神の恩恵の奥義は、聖書の解釈を通して開示されるが、主なる神は人間の服従を要求する神の専制君主的局面を象徴する。他方、父なる神は、人間の創造的根拠である神を象徴する。さらに主と父は、それぞれ神の統治と罪人を受容する神の恩恵を象徴する。人間の究極的関心が愛と義を統合するのに対応して、神は愛するにも拘らず裁く。この人間の罪と神の愛の統合は、実存の問いとキリストの答えの相関論によって究極的に解明される。

第八章　実存とキリスト

体系の形態的構造　教授資格申請論文『超自然の概念について』の出版後、約四〇年を経て、ティリッヒは『組織神学』第二巻の序章に、「超自然主義と自然主義を超えて」と題する一文を書き、存在自体である神は自然主義と超自然主義の対立、実在論と唯名論の対立を克服する自己超越、脱自を意味すると語る。存在自体は理解し難い概念であるが、ティリッヒ神学の要《かなめ》を形成する。古典神学の最高存在者（有神論の神）は、自然界の背後に神の領域を確立する超自然主義の神であるのに対し、汎神論（自然主義）は神と世界を同定する。ところがティリッヒの神は、汎神論の神と同様に創造の根拠、存在の力であると同時に、世界を無限に超越する自己超越、脱自的な神である。この汎神論と超越神論を統合するのがティリッヒの汎内神論、万有在神論である。

ハイデガーが無の脅威を克服する存在の自己肯定、出来《しゅったい》、生起という概念により、存在について象徴的に、つまり存在の意味について、語るのに対して、唯名論に根差す英国経験論は存在を最も抽象的な概念と理解する。しかしティリッヒは、第一巻では神の象徴的表現を支える存在自体に対して、スコラ哲学に敬意を払うためか、字義通りの意味を容認したが、第二巻では存在自体は脱存・開存（Ek-sistenz）であり、神の象徴的表現は人間の脱自的あり方（究極の関心）によって支えられるので、存在自体をも神の象徴的表現（存在の意味）とみる。したがってティリッヒはハイデガーに接近し、神学の答え（存在の意味）を表現する限り、ティリッヒとハイデガーの存在は、非存在の脅威によって無意味になった世界を意味づける救済神に対応し、自然主義を超越するので、神についての言表はすべて自己を否定すると同時に、超越的な意味で自己を肯定する象徴的表現となる。

ティリッヒの体系は同一性と差異性の同一性、相対立するものの統合（反対の一致）によって性格づけられる。この事実を体系の根底で証しするのがハイデガーの神律的存在論であり、内核（本質）において示すのがドイツ観念論であり、実存（外核）の条件下で実現するのがキリストの出来事である。したがってティリッヒの『組織神学』は、存在自体について、本質構造、存在の深み、実存と生の三重の視座から試みられた体系的叙述である。被造物は制約され、実存は歪曲しているので、存在の形態的両極を統合できず、両極を統合するキリストと聖霊を待ち望む。

自然主義（汎神論）と超自然主義（有神論）の対立を克服する人間の自己超越（自由）は、新しい次元で自己へ戻るために自己を出ること（脱存・開存）を意味し、罪人を救済するために本質構造（律法）を離脱、超越するキリストの福音（自由）に呼応し、本質（律法）と矛盾する人間の罪（自由）と表裏をなし、汎神論の神を克服する。ヘーゲルの汎神論によると、人間は神（本質）の中に存在するので、人間について知ることは神について知ることである。ところが汎内神論、万有在神論の神は、世界を脱自的に超越するので、この世の知識は象徴的に神に適用される。

たしかに自然神学は、人間の状況を分析し、そこに内包されている実存の問いを導出する限り正しい。しかし罪人の救いは、存在の本質構造からは導出されないので、古典的な自然神学は成立しない。他方、創造神は、プロティノスやシェリングの存在の深み（深淵）とは異なるが、神を象徴するシェリングの深淵は、人間の堕落（第一勢位）と人間の救い（第二勢位）、つまり実存の問いとキリストの答えを自己の中に畳み込んでおり、救済史においてアダムの堕落とキリストの出来事として自己を啓示する。さらに究極の関心によって支えられる最内核の神学的円環も、救済史と同様に、実存の問いと啓示の答えという二つの焦点をもち、人間の限界、不安、疎外に基づく問いは、永遠、勇気、救いという神学の答えに向けられる反面、神学の答えは、実存の問いに呼応する方法で受容される。

実存と実存主義　実存は、絶対的な虚無（ouk on）から（ex）出て立つ（sistens）ので、存在を持つ反面、母胎である無にも参与し、無と存在を統合する。また実存は、可能性（mē on）から現実性への移行を意味するが、可能性は存在と比較して非存在の状態にあるので、実存は非存在によって制約された存在であり、有限性（不安）によって性格づけられる。

実存主義は実在における可能性と現実性の分裂から始まる。可能性（構造）は実存（存在）しないが、存在（実存）するものは構造（本質）に参与する。神は、自己の本質を完全に実現し、本質と実存の分裂（落差）を克服するが、人間の実存は本質から転落しており、この限りプラトン哲学とキリスト教の人間観は一致する。反面、ルネッサンスと啓蒙主義は、本質から出ること（実存）を、可能性（本質）の実現とみるので、本質と実存の間に落差はない。たしかにロマン主義の哲学者ヘーゲルは、実存と非存在を本質の体系の中に取り入れ、疎外、不幸の意識、パラドックスを体系の中に導入した。しかしヘーゲルは、本質主義の体系の中で非存在を克服したので、ヘーゲルのキリスト教（自由神学）はその逆説性を喪失した。さらにヘーゲルの実存は論理的に本質を実現するので、現実的なものは理性的となる。したがってヘーゲルの実存は非理性的な要素をもつが、実存は本質からの転落ではなく、本質を表現する。

他方、実存主義は、本質から疎外された人間の実存を強調するが、これは堕落の神話（神学の答え）の存在論的分析であり、この限り、後出の高慢や好色の罪の存在論的分析とともに、神学の答えと哲学の問いの関係が逆転していることを物語る。人間の実存は、物化され、非人間的となり、不安と無意味さによって脅かされるが、実存の窮境を打開できるのは実存主義ではなく、宗教やヒューマニズム（本質主義）の伝統である。さらにヒューマニズムも、神話や隠れた宗教的源泉、また本質と実存の分裂以前の根源的意味（Gehalt）に根差すので、有神論的実存主義と無神論的実存主義の差異はなく、実存の問いに対する答えは宗教からくる。ハイデガーが詩人の霊感に依拠するのは、詩が存在の深み（Gehalt）を表現するからである。

キリスト教は、人間イエスを救い主キリストと主張するが、キリストは新時代、新存在、普遍的再生、新実在を導入する。反面、旧存在（古い存在）は神から疎外された人間を指示するが、疎外された世界は悪によって支配される。実存主義は、実存と旧存在の窮境を分析するので、罪人の救いを説くキリスト教と実存主義は、ともに人間の実存についてプラトン的な解釈を支持する。

本質から実存への移行　人間の堕落は、本質から実存への移行という普遍的意味を担う。プラトンは、魂の転落という神話的表現によって、本質から実存への堕落を説明したが、ヘーゲルは、堕落を理想と現実の落差に還元し、堕落（生）は可能性（本質）を不完全に実現すると説く。しかし失楽園の物語は、実存の窮境、つまりハイデガーの実存の被投性について語る。本質から実存への移行を可能にするのは、運命から切り離された自由、無限との同一性を拒否された有限な自由である。反面、神の無制約的な自由は、自由と運命の対立を超越する神の自由が神の運命と同一性を保持することを意味する。他方、自己の本質と矛盾する人間の自由は、運命によって制約されているが、自己矛盾する自由の実現（堕落）は、本質から実存への移行という普遍的枠組み（運命）の中だけで可能になる。キルケゴールによると人間は、自由の行使によって自己となるが、神の像である人間だけが本質の中に安住せず、神から離脱する自由をもつ。したがって堕落の可能性は、人間が担う神の像（自由）に依拠するが、自由をもたない人間は人間性を失い、物となる。

神話は、近代史学成立以前の始元的歴史、楽園（神の胎）の中に存在する人間の本質を叙述し、深層心理学は、人間の本質を「夢みる」無垢の時代において捉えるが、両者とも人間の本質を現実の実存に先行する可能性と理解する。無垢とは、現実の経験、人格的責任、道徳的罪責の欠除を意味するが、無垢の状態（楽園）から追放された人間は、非存在の脅威に晒されると不安になる。有限性は不安の原因となるが、人間は自由と不安を統合する有限な存在であり、この人間の存在構造が本質から実存への転落を説明する。自我の強い人間は、禁止や命令に故意に背く恣意性をもつが、自由と運命を統合する夢みる楽園を破壊するのは、恣意的自由である。人間は、神の命令（運命）に盲従して、蕾（可能性）を開花させずに自己を失う不安と、神の命令に背いて自己の可能性を実現して堕落する不安との相剋に直面するが、これが誘惑であり、人間は運命に背いて自由を行使し、堕落する。したがって人間の罪は、存在論的構造（ハイデガーの被投性）と人間の自由な行為を統合する無の深淵（原罪）を指示する。

人間の堕落は、本質から実存への移行（被投性）を表現するので、アダムの物語は非神話化できない。正統神学は、プラトン哲学に基づいて、アダムを規範的性質（イデア的原型）の保持者、完全な人格者と捉え、失楽園の物語を倫理的堕落と解釈し、蛇を堕落天使ルシファーの象徴とみる。他方、啓蒙主義とヒューマニズムは、蛇を根源的欲望（リビドー）の象徴と理解し、失楽園の物語を思春期から壮年期への成長過程と捉え、原罪の教義を批判する。しかしティリッヒにとって人間の堕落は、人間の力を超える運命に根差すとはいえ、人間の自由な行為に基づくので、その責任は人間にある。

したがってティリッヒは、倫理的な自由だけを強調する理想主義的なペラギウス主義と、倫理的自由を抜きにして悲劇的運命のみを強調するマニ教の霊肉二元論的な罪（悪）の解釈の両者を否定して、実存的疎外という普遍的な悲劇性に基づく人間の自由な行為としての罪の教義を堅持する。本質（可能性）における創造は善なので、合理的必然性によって本質から罪悪を導き出せないが、創造が完成すると、創造は普遍的疎外へと転落しているので、創造と堕落は、時間において一致し、まず創造があり、次に堕落するのではない。しかし本質から実存への移行は、理性の及ばない根源的事実（神秘）であり、構造的必然性をもたないので半分神話的であり、半分存在論的である。

人間の疎外と罪の概念　実存は、存在の根拠（神）と他者と本質的な自己から疎外している。しかし人間は、本質においては自己の存在根拠に属しており、実存においても存在自体から全く分離しているわけではない。ヘーゲルは自然を疎外した精神と呼んだが、ティリッヒによると、キリスト教の罪は神から離反する人格的行為であり、存在論的な疎外ではない。疎外が悲劇的罪科と普遍的運命を表現するのに対して、キリスト教の罪は、自由な人格が犯す罪科とその責任を表現する。この限り、ティリッヒの罪理解は正統的である。

不信仰は神から離反する行為を意味するが、信仰とは、分離した者を再結合する愛の働きである神の神秘的な力が神と人間を再結合することを意味する。他方、宗教改革者にとって信仰とは、人間の罪を克服する神によって人間が受容され、神自身のもの（Eigen）とされた原事実を受容し、人間自身のもの（Eigen）とすることで、これがキリストの出来事（Ereignis）のハイデガー的、ティリッヒ的解釈である。

実存の疎外において、人間は自己の本質的中心である神から離反して自己中心的となるが、人間が自意識（自己の中心）をもつこと自体は、本質の秩序において理性的であり、神の像を意味する。ところが高慢（hybris）の罪は、実存の次元において自己の限界を無視して、神と比肩するまで自己を高めることを意味する。たしかに全体から切り離されて貧しくなった人間は、豊かさを求めて全体と結合することを願うが、これがエロースであり、本質の次元において、罪人を救い、聖化し、栄化する神の愛（アガペー）と統合され、神学の答えを形成する。他方、古来から好色（concupiscentia）と呼ばれた罪は、実存の次元において実在全体を自己の許に引きよせようとする限度のない願いであり、フロイトのリビドーとニーチェの力への意志によって概念化され、実存が陥《おち》いる窮境を示す。つまりティリッヒは、堕落の必然性を否定し、疎外が自然に反し、善なる創造を歪曲する事実を容認する反面、意識的な罪が意識下の原罪（暗闇）の結果であると主張する。

実存分析に関する限り、キリスト教神学がフロイトを容認するのは、歪曲した根源的欲望は自己の快楽を満すために他者を利用する罪の典型だからである。満されることのない根源的欲望は、自己否定によってだけ安息を得るので、フロイトは、根源的欲望がもたらす苦悩から逃れるために自己の根底である低次の生へ戻ることを願う「死への衝動」（涅槃《ねはん》原理）に言及する。他方、ニーチェは、存在の否定面を自己の中に取り込む勇気によって「死への衝動」を克服しようとしたが、

「力への意志」を裁く規範と原理（本質）には言及しない。実存主義者ニーチェの「力への意志」が無制約的、魔的、破壊的であるのに対して、ティリッヒは、シェリングに依拠して自然の中に精神的なものを見て、一九世紀の精神的規範によってリビドーや力への意志の克服を試みる。この限り、ティリッヒは存在の本質構造によって実存の問いに答える。なぜなら自己と世界の本質的関係においては、リビドーはエロースと統合され、創造の秩序においては他者と結ばれることを願うリビドーはエロースと統合されるからである。

自己破壊と罪の教義　しかし実存の陥る窮境は、本質（倫理的行為）によって解決されるほど単純ではない。実存の自己疎外は、人間の本質（善への可能性）と矛盾し、本質を破壊する。そして堕落した実存の次元では、形態的存在の本質的両極は抗争し、無化し合う。本質の両極の相剋により人間の存在は脅かされ、世界は無意味になり、空虚な自己だけが残される。したがって頽落した実存に対応する頽落した環境に基づく環境決定論（environmentalism）は、「あるべき姿」の本質を叙述しない。

夢みる無垢の時代、可能性（本質）の次元では、自由と運命は、両者を統合する存在の深みの中で安らいでいる。ところが運命から切り離された自由が空虚で無意味な恣意となるのに呼応して、運命も歪曲されて機械的な必然性となる。ルターの奴隷意志論が説くように、自由意志に基づくと思われる行為も実は内的強制や外的原因に起因する。したがって真の自由を失うために、人間は自己の自由を行使し、真の運命（神の摂理）を失うことが人間の運命となる。決定論と非決定論についての伝統的な論争も、本質と実存を混同し、決定論は疎外された人間の実存によって人間の本質を論ずるという誤りを犯すのに対して、非決定論は人間の自由を偶然性に変え、人間の責任を回避する。また決定論は、人間の自由を機械的必然性に変え、人間を物化し、運命を喪失する。

本質的人間は、力動性と形式を統合するが、高慢で好色な堕落した実存は、明確な対象を見失い、根源的欲望によって駆り立てられるので、力動性（リビドー）自体が目的となる。しかし形式の欠除は力動性を歪曲し、真実なるものの創造を妨げる反面、力動性を失った形式は外的律法となり、抑圧的な律法主義を生む。したがって相関性を失った形式と力動性は、ともに空虚になり、実存の問いを生むが、それに答えるのは形態的存在の両極を統合するキリストの福音だけである。

さらに個別化された人間が世界に参与するのに対し、疎外された人間は自閉的となり、自己破壊の構造を形成する。例えば、死は、有限な人間にとって自然で本質的な運命なので、ある程度不安になるのは当然である。ところが疎外された実存の条件下では、罪が死の原因と理解され、破壊（悪）の構造を形成する。過去、現在、未来を統合する根源的時間（存在・キリストの出来事）の自己肯定（力）による非存在の克服を信ずる者は、勇気（存在）によって死（非存在）の不安を克服するが、根源的時間（永遠）から疎外された者は、実存を食い尽す魔性となった時間に怯《おび》え、不安となって絶望する。したがって人間の時間性（有限性）を受容しないことが、時間を破壊の構造へと変える。

キリスト教は、本質的有限性と実存的疎外を区別するが、両者を区別しない仏教は、有限性と悪を同定する。それゆえ仏教は、有限性に起因する苦難からの救いを願うが、キリスト教は、本質的苦難を破壊の構造へと変える実存的疎外からの救いを求める。したがって仏教は、生きる意志自体を苦難の原因と考えて、実存を空（無）にする。他方、キリスト教は、自己鍛練の機会となる有限性に基づく苦難と、無意味な結果しか生まない疎外に起因する苦難を区別する。事実、本質的次元において孤独な人間は、究極的実在を経験する場となる他者との交わりを求めるのに対し、存在の根底から疎外された実存は、淋しさをまぎらわすために集団に身を投ずる。孤独と交わりを統合する本質構造が実存の疎外によって歪曲される時、神秘主義は個人を無化し、個人を無差別の深淵（有と無の同一性である母胎）の中に呑み込み、究極的統合を達成するが、これが本質的な孤独と実存的な淋しさを区別しない仏教の救いである。

さて究極的根拠から切り離された実存は、不安となり、絶望の淵へと駆り立てられるが、絶望を回避するために破壊的な防禦のメカニズムで武装し、疑いを否定するために実存の問いに対して無関心となる。しかし自閉的となった実存は、自分が作った防禦のメカニズムの一部品となり、真の人間性と存在の意味を喪失する。したがって神から疎外された者は、究極的破壊（魂の夜）の脅威に晒されるが、これが聖書の語る「神の怒り」である。しかし神は、自分から切り離された者の中でも創造的に働くので、人間は救いの神から全く切り離されているわけではない。この事実が、ティリッヒの実存の問いとキリストの答えの相関論を可能にする。

新存在の探究とキリストの意味　本来的実存を実現すると、自由と運命は統合されるが、人間（自由）が環境（運命）に隷属すると、人間（自由）は疎外を経験する。他方、別の始元である神の恵み（真正の運命）は、実存の疎外によって分裂した神と人間の関係を再確立する。この神と人間の再結合を達成する場所が宗教なので、宗教は、生の機能であると同時に、生の曖昧性（両義性）を克服する聖霊（神の恵み）が現在（臨在）する場所となり、実存の問いとキリストの答えを相関する場所となる。それゆえ宗教（宗教性A）は、本質と実存の分裂を克服する新存在（宗教性B）を探究する場所となり、救い（宗教性B）についての問いは、救い（宗教性B）の働きがなされている処で生起する。

したがってティリッヒは、実存の次元において本質を実現する新存在によって、ハイデガーの存在の現臨（parousia）に基づく実存の開存（Ek-sistenz）とキリストの出来事を統合する。また新存在についての問いは、新存在の現臨（parousia）を前提するが、これが前提（前理解・信仰）と結論（理解・真理）の根源的同一性を本質とする神学的（解釈学的）循環であり、この範囲でティリッヒはバルトに近づく。ところがキリストの探究と同様に自己救済の試みも宗教の領域で生起するので、宗教は生と同様に両義的である。自己救済、自己超越の行為は、存在自体の自己肯定（存在の恵み）、存在の現臨が後退する処に生起するので、バルトは宗教を不信仰であると批判する。

同様に、律法は、実存と本質の落差を指示するが、人間は律法の要求を実現できないので、存在の根拠と人間を再結合する新存在を探究する。禁欲主義と神秘主義も自己救済を試みるが、実存の疎外を克服できない。ここに禁欲主義と神秘的直観に基づくフッサールの純粋現象学からハイデガーの存在論への移行が理解される。ハイデガーの実存は、自己の存在根拠を求めて自己を超越するが、無の深淵（存在根拠の喪失）に直面して挫折し、実存の問いが生まれる。ところが無の深淵を克服する存在根拠（意味連関）の出来《しゅったい》により、世界は意味づけられ、自閉的だった実存は脱自的となり、意味連関に対して開かれる。したがってハイデガーの出来事（Ereignis）という存在とキリストの出来事は統合される。他方、ティリッヒも、バルトと同様に、神との人格的出会い（神との再結合）を啓示（宗教）の本質と理解し、実存の疎外に気付き、救いを求める実存の問いも、神の啓示、つまり救いの力の現臨（臨在）、実存の疎外を克服する新存在に依存すると理解する。それゆえティリッヒは啓示（神のめぐみ）と本質主義を統合する。

東洋では歴史は円環的に繰り返すので、歴史の中では新しいものは創造されない。それゆえ新存在は、歴史の中の諸存在者を否定し、歴史を超越する。他方、西洋では実在全体が善なので、疎外された実存も悪ではない。したがって新存在は、疎外した実存を克服する本質的実存（生れ変った人間）であり、歴史の目的となる。ところがキリスト教の「主の僕」「人の子」という救い主の称号は、歴史的な新存在と神話的な新存在を統合する。

捕囚後のユダヤ教は、救い主の概念を宇宙的意味に高めたので、「人の子」は超越的存在と歴史的機能を統合する。またヨハネは、ロゴスの教義において非歴史的な新存在を強調し、さらにパウロは、キリスト神秘主義と聖霊論において非歴史的救済論を導入したが、キリスト教会は、グノーシスと戦うために歴史型の救済論を主張した。したがってキリスト教は、水平的で歴史型の新存在と垂直的で神秘主義的な新存在を統合する。つまり、ティリッヒにとってイエスに生起した新存在は、キリストの称号によって指示されるように、旧約聖書の約束を成就する聖霊なる神の出来事であり、単なる人間的な養子説を意味するのではない。

ティリッヒの形態的存在論に基づく神学体系を肯定的、積極的に受容する限り、キリスト教の創造神がハイデガーの根源的存在よりも更に根源的であるように、終極的啓示であるキリストの出来事は、究極的な意味において実存の問いに答える。反面、新存在はキリストの出来事なしにも生起し、ハイデガーの開存・脱存（新存在）とキリストの出来事が構造的に呼応する事実も否定できないであろう。

第九章　キリストの現実性

帰郷と出会い　「神の実在性」についての周縁的言及において、ティリッヒは、キリスト教の実在する神はプラトンのイデアやシェリングとハイデガーの深淵に対して優位を誇る創造神であり、また罪人を救う神の愛（アガペー）は本質哲学のエロースに対してキリスト教の独一性を指示すると主張して、古典的正統神学の立場を擁護する。ところが「キリストの現実性」においては、ティリッヒは、罪を克服するためにキリストが罪深い実存に参与した事実を表現する限りにおいて、アレキサンドリア学派の「神の言《ことば》（ロゴス）の受肉」説を受容するが、主としてアンティオケ学派の聖霊キリスト論（キリストの養子説）を支持する。

なぜか。キリスト教の実在する神は、プラトンのイデアより更に根源的であり、存在と非存在の同一性を主張するシェリングやハイデガーの深淵よりも更に根源的な虚無を克服する創造神であると同時に、罪人を救うキリスト教の神の愛（アガペー）は、卓越するものに惹かれるプラトンのエロースよりも根源的だからである。実存の問いに答える神は、超越的なので、存在自体を含めて、神を表現する概念は、すべて象徴的にしか適用できない。反面、ロゴス・キリスト論の「受肉」の教義は、主体と客体の対立を超越する存在自体(神)を主客対立の枠組みの中で客体化し、根源的事態を抽象化する。他方、聖霊キリスト論は、聖霊なる神が人間イエスに現臨(臨在)する神秘(根源的事態)について語り、存在自体を実体化する「受肉」説よりも根源的である。この事態は、ハイデガーの根源的存在が実存の脱自態に現臨(parousia)する事態がギリシア哲学の実体(ousia)よりも根源的である事実によって例証される。さらにキリスト論の「受肉」説は、インド神話やギリシア神話における神の「化体」「権現」「権化」にも通じ、キリスト教固有の思想とはいえない反面、イエスは聖霊により新存在をもたらすので、キリストと呼ばれるからでもある。

次に、ティリッヒは、形態的存在の外核(周縁)で、実存の問いとキリストの答えの相関論を形成するが、相関論は罪人とキリストの出会いを前提する。ところが赤の他人である両者は偶然出会うので、両者の間に相関論の成立する必然性はない。しかしこれでは神学は成立しないので、両者の出会いを体系の最内核に位置づけて、神学的循環を形成し、自己を失わずに自己を否定するキリストの出来事を新存在と同定して、ティリッヒは出会いの神学と帰郷の哲学を統合する。他方、形態的存在の内核を形成するプラトン哲学やドイツ観念論では、根源分割により根源的同一性が差異性を生み、この差異性が根源的同一性と統合されるという弁証法的必然性(合理性)が神と人間の統合を可能にするので、両者ともに帰郷の哲学を形成する。

またハイデガーでは、意味ある世界の形成を求める実存の自己超越(帰郷)の試みが、存在根拠

（意味連関）の喪失（深淵）に直面して挫折する時、深淵を破って、実存の問いに答える（出会う）意味連関（存在）が現われるが、これがティリッヒの新存在と呼応する。したがってハイデガーの存在論は、帰郷（実存の問い）と出会い（神の答え）を統合するティリッヒの相関論に呼応するが、ハイデガー自身、敬虔な思考（問い）は隠蔽されている答え（聖）に聞くことから始まるという問いの構造を明らかにしている。

他方、バルトは、赤の他人であるキリストと罪人の出会いを、根源的存在である三一神の交わり（アガペー）によって基礎づけるので、出会いはバルト神学に固有な思考であり、バルトは出会いの枠組みの中で帰郷について語る。反面、ティリッヒの根源的存在は深淵であり、無の深淵から第一勢位の不合理な実存、第二勢位のキリスト（本質）、第三勢位の聖霊が出てくるので、次章の「生と聖霊」がティリッヒ神学の核心を形成する。したがって深淵の第一勢位である恣意的な自我は、理性を失った人間が不合理な行為に走って罪を犯す事態に呼応する。次に、第二勢位であるドイツ観念論の自己超越は弁証法的であり、合理的である。ところが罪人を救う神の愛（出会い）は、本質（理性）構造を超越し離脱して歴史の中に生起するので逆説（パラドックス）的である。したがって罪人（非合理性）と神の愛（超論理）を統合する新存在（本質的実存）は、窮境に陥った実存からは導出されず、パラドックスであり、究極の次元を形成する。

しかし本質哲学の帰郷とキリストの愛の出会いとを統合するのは困難なので、ティリッヒは『組織神学』第三巻の冒頭に次元の概念を導入し、本質の次元では帰郷の思考を採用し、実存の次元では出会いの思考を使用するが、これが彼の形態的存在論の最終的な立場となる。

キリストとしてのイエス　人間イエスは新存在を導入するキリストであると信ずるのがキリスト教なので、キリストの出来事は、イエスという歴史的事実と、イエスを救い主として受容する弟子達の信仰の両面をもつ。自由神学の歴史批評学は、信仰によるキリストの受容の背後に史的イエスを求めたが、信仰のキリストは史的イエスとは無関係である。他方、ブルトマンは、イエスの言葉は信仰の決断の要請であると主張して、史的イエスの問題を避ける。しかしブルトマンの決断が人間の力に依存するのに対し、ティリッヒは、決断する力は新存在に基づくと説く。キリスト教の根底は神の恵みと人間の信仰の相関関係であり、聖書はこの相関関係を証しする。

聖書の記事は、キリストの称号である人の子やロゴスに言及するが、これらの称号は、第一にそれらに固有な言語と文化において生起・発展し、第二に実存の窮境に対する神の答えとして使用され、第三にキリストの出来事の解釈の際に象徴（称号）の意味が変化し、第四に超自然的な字義通りの解釈は象徴の意味を歪曲する。まず「人の子」は、第一にペルシアの原人とパウロの霊的人間が例証するように、神と人間の根源的同一性を指示し、第二に人間の実存的疎外を克服する「上からの人」を指し、第三にこの称号を自分に適用したキリストは神を汚す者と批難されたが、第四にその理由は超越的な存在が天から降って人間になったという超自然的解釈に基づく。

またロゴスは、第一に合理的構造と創造力を統合して宇宙の合理的構造を形成し、第二に、神の秩序と人間の無秩序に起因する人間の実存的苦境と神の神秘を啓示するロゴスを統合するキリストを指し、第三にストアの賢人とキリスト教の霊的人間の象徴として使用され、第四にロゴスの受肉は神が人間イエスに変化すると解釈されて、再神話化される。以上の例からも明らかなように、聖霊キリスト論（養子説）が人間の実存的窮境を克服するキリストの出来事を根源的に表現するのに対して、ロゴスの「受肉」説はキリストの出来事を実体化、再神話化する。

形姿の比論

信仰は、信仰を創造した実在が現われたことだけを保証するが、この実在が新存在であり、実存的疎外を克服して神学的循環を形成する。信仰が生起することは、実存の制約下に新存在が現臨することと同一であり、表層的な歴史批評学は信仰（脱自）的人間の根源的で直接的な意識を疑うことはできない。新存在に参与し、脱自的になることは、旧存在を克服する新存在を担う人物（イエス）の確かさを保証するが、これが存在論的検証（evidence）の本質である。他方、新存在の集団を創造した力は、新存在を担った人物の形姿（imago）によって表現される。

新存在は、イエス＝キリストの形姿を通して信仰者を変革するので、現実の人格と形姿の間に比論が成立する。弟子達と出会ったキリストは、彼等の中に自己の形姿を創造し、その形姿が新存在の力を媒介する。人間が使用する象徴（imago）は神の自己顕示の表現（imago）であり、キリストについての聖書の記事は、弟子達が新存在とその変革する力を受容した結果形成された。これが形姿の比論（analogia imaginis）である。芸術作品においては、表現されるものと表現する働きは区別されない。同様に信仰は、聖書の客観的な事実性ではなく、新存在の変革する力を表現する聖書の根源的な真実性を保証する。

これは聖書の表現主義的理解であり、表現主義を比較の第三項として、ティリッヒの新存在とハイデガーの脱自・開存（Ek-sistenz）は対応する。新存在の力はイエスの形姿を通して表現されるので、形姿は創造力をもち、教会を創設する。他方、表現主義の芸術家は主題（人物）の最深層に到達しようとして、主題（Inhalt）の実体（存在の深み）と意味（Gehalt）に参与する。反面、表層的な特徴（Form）は、主題の存在と意味に参与することを通して、芸術家が経験した存在の深みを表現する。同様にキリストとしてのイエスは新存在を具現する。

新存在

新時代を導入する救い主（メシア）である筈《はず》のキリストが旧時代の権力によって処刑されたので、弟子たちはメシアの内容を変更し、父なる神の意志に従って十字架につけられたイエスを新存在と同定した。したがって新存在は、実存の制約下において本質（神の意志）を実現し、疎外を克服するパウロの「新しい創造」に対応する。さらにキリストに参与する者は、すべて聖霊によって新たに創造されるので、神と人間の本質的統合を達成し、疎外を克服する。特に受難においては、実存の制約下にあるイエスは、新存在の担い手としてのキリストのために自己を犠牲としたので、新存在に透明になり、新存在を表現する。

さて唯名論が恵みの概念を失う危険があるのに対して、実在論は恵みを魔的な形式、超自然的力に歪曲する危険がある。他方、新存在は、実存の疎外を克服する存在自体（存在の力）を恵みとして再確認する。したがって存在の根拠から離脱しなかったイエスは、新存在の担い手となった。ピリピ書二章やヨハネ福音書によれば、この事実が、有限な自由しか持たなかったイエスの存在の逆説的性格を形成する。信仰とは人間と神の人格的中心を一致させることであるが、神は自由と運命を統合する存在の意味なので、存在の可能性を実現する人間の勇気と表裏をなす。他方、有限なイエスは誘惑されるが、存在を全体的・根源的に捉える勇気によって誘惑を克服する。このイエスの脱自・存在・意味（「こと」）が、処女降誕、空虚な墓、身体的昇天というように合理的に事物化され、存在者（「もの」）として実体的に表現されたのである。

次に、ニーチェの力への意志やフロイトの根源的欲望など誘惑する力をもつものが具体的となる場合、誘惑は重大な意味をもつ。例えば、本質的な自己超越に個人が参与することは善であるが、他者を利用する恣意的利己主義は悪である。さらにイエスが旧約聖書の聖句（形式）によって根源的欲望（力動性）が野放しの状態にならないように守られていたように、リビドー（力動性）はアガペー（形式）によって包まれたとき、正しい愛となる。他方、有限なイエスは、リビドーの誘惑に会い、非存在の脅威を経験し、不安にさいなまれたが、これが古典神学が語るイエスの人性である。しかしイエスに現臨する新存在は、実存的疎外という非真理（本質の歪曲）を克服する。

存在自体（神の超越的場所）は、無であると同時に存在の根拠であるが、共観福音書は、実存の条件に参与する新存在を強調し、ヨハネの福音書は実存の窮境を克服する新存在を強調する。前者がイエス像の背景を形成する象徴的枠組みを強調するのに対し、後者は新存在の力の現臨（存在自体）を強調する。それゆえ共観福音書の「人の子」は終末論の中、メシアは病人を癒すイエスの働きの中に固有の場所をもつのに対し、「神の子」とロゴスはヨハネの文体と呼応し、存在自体は新存在の力として三重の光彩となって輝く。すなわち神との一致（神の子）、次に疎外された実存に対する抵抗（ロゴス）、最後に実存的な自己破壊を克服する自己否定（放棄）の愛（新存在）を通して輝く。

キリスト論

実存の窮境を克服するために、新存在は探究され、キリストは論ぜられるが、キリストの人性と神性は、それぞれ、実存の条件への参与と実存の疎外（本質の歪曲）の克服を意味する。他方、真の神は、新存在を創造し、深淵（父なる神）と形式（ロゴス）を霊的に統合するので、三一神となる。したがってイエスをキリスト（新存在）とするのは、人間イエスの霊ではなく神の霊であり、聖霊キリスト論が形成される。敬虔な庶民は、受肉説に収斂《しゅうれん》する処女降誕の奇蹟を求めるが、キリストのパラドックスは超自然主義を克服する。反面、東方教会は、実存の疎外と歪曲に抵抗するために、キリストの神的単性説と静的階層説を主張したが、西方教会は、キリストの人性と新存在の歴史的・動的性格を強調し、人間の実存的窮境への参与を通してのキリストの救いを説く。

キリストの人性は、人間の被造性（本質）と人間の疎外性（実存）、また両者の曖昧な統合を指示する。ところが神は実存と本質の対立を超越するので、キリストの神性と人性を統合する古典神学のキリスト二性論は正確さに欠ける。たしかにイエスに新存在は現臨し、神は人間と再統合されるが、イエスは、誘惑され、悲劇的な死を経験するので、本質と実存の対立を超越しない。

キリストとしてのイエスは逆説的な存在であるが、神と人間の関係の強調は、実体的思考から関係的思考への移行、キリストの受肉説から養子説への移行、アレキサンドリア神学からアンティオケ神学への力点の移行を意味する。神は聖霊の満しによって人間イエスを救い主としたが、神の言葉の受肉というロゴス・キリスト論はキリストの養子説を説明するのに必要であった。なぜなら異教世界では神は存在者（実存）であり、世界の一部だったので、神が人間に変身することは日常茶飯事のように行われた。そしてキリストの受肉は、罪人の義認と同様に、神は罪深い実存に参与して罪を克服し、神を否定する世界を受容するというパラドックスを表現するからである。したがってシュライアマッハーが、キリストの人性を理想的本質の原型と理解したのに対し、実存に参与しながらも実存の疎外を克服するティリッヒの新存在は、可能性としての本質ではなく、真の現実性を意味する。

キリストの出来事の普遍的意味　イエスについての聖書の記述が新存在に対して透明になると、イエスの形姿を通して存在の普遍的意味が現われる。これが批判的現象学と表現主義の本質であり、実存の自己否定（プロテスタント原理）と根源的存在（神の恵み）の臨在（カトリック的実体）を統合する。聖書は、歴史、伝承、神話によってイエス像を描くが、神話的表現が一番重要である。新存在を隠蔽する危険を孕む神話を新存在に透明にするためにブルトマンが提唱した非神話化論は、神を客体（物）化する超自然主義に対する戦いとみる限り正しい。しかし神話や象徴は、宗教的真理（新存在）に対する人間的実存の根源的関係を表現するので、神話や象徴が新存在の普遍的意味を表現する限り、ブルトマンの非神話化論は誤りである。十字架上のイエスの死は実存の窮境への参与（イエスの人性）を象徴し、イエスの復活は実存の疎外の克服（イエスの神性）を象徴するので、非神話化論はキリストとしてのイエスの普遍性を否定する。

十字架と復活はともに実存の条件下での出来事であるが、十字架が近代史学の対象となるのに対して、復活は近代史学の射程外にある。しかし信仰は死を克服する新存在の力に基づくので、死に対する十字架の勝利の信仰（確実さ）が、キリストの栄光に満ちた復活の信仰（確実さ）を創造する。さらに弟子達の脱自的経験が、ナザレのイエスという具体的な形姿を新存在（キリスト）として受容するので、新存在の現臨（parousia）にイエスの現前（presence）は依存し、イエスの臨在は霊的現臨（カトリック的実体）の性格をもつ。したがって聖霊に満されたイエスの具体的な生は、思考（本質）と存在（実存）を統合する精神（霊）としての神の永遠（存在の意味）の現在（parousia）へと高められ、これが復活として理解された。それゆえ復活の信仰（象徴）は、新存在とその担い手であるイエスの統合を脱自的に確認する。

イエスの十字架は、キリストが実存の究極的否定性に服すること(プロテスタント原理)を意味するが、イエスの馬小屋での誕生、受難、死と埋葬という卑下の象徴はこの系列に属す。新存在の担い手は旧存在の破壊的構造に服すので、十字架は実存的疎外における神と人間の統合を逆説的に表現する。このパラドックスが新存在の担い手であるキリストとしてのイエスの普遍的意味である。この限りティリッヒはルター、キルケゴールの系譜に属す。他方、イエスの復活は、新存在による実存の疎外の克服を象徴し、またキリストの再臨はキリストの先在(永遠性)に対応し、イエスの奇蹟や処女降誕は復活の系譜に属す。

イエスを救い主とする聖霊は、イエスを新存在の担い手とするが、実存の救いのために現われた新存在は、歴史の偶然性を免《まぬが》れ、神だけに依存する。また奇蹟は、超自然的、反自然的要素を強調するのではなく、実存の破壊的構造を克服する神の力を象徴する。したがって奇蹟は存在の神的根拠を脱自的に理解するための象徴となり、キリストの昇天は歴史的実存を離脱したキリストの霊的臨在を指示し、また神の「右に坐す」キリストは神の創造性と新存在の統合を意味する。

救いの力としての新存在　キリストとしてのイエスの普遍的意味は罪人の救いである。永遠の死が存在の内的目的を喪失する究極的な否定性を意味するのに対し、救いは存在の究極的意味の実現を意味する。また啓示は、出来事、人物、事物の中に存在の根拠が脱自的に現われることを意味し、人間を揺り動かし、変革し、癒す。この脱自的な啓示と救いの出来事の中に新存在は現臨するが、永遠の生命はキリストとの出会いだけに依拠するのではなく、新存在の癒しの力に参与する者はすべて永遠の生命をもつ。たしかに癒しと救いの究極的規準はキリストであるが、キリストとしてのイエスは新存在という普遍的意味によって救い主となる。さらに仲保者としてのキリストは超越神と人間を媒介するが、究極の関心は神の絶対的超越性とイエスの具体的内在性を統合する。

さてオリゲネスとグスタフ＝アウレンは、贖罪の客観的解釈を展開し、神とキリストと悪魔の間の取り引きに基づいて、罪から人間を解放しようと試みる。否定的な原理である悪魔は、積極的な原理であるキリストを否定することによって生きるが、究極的には積極性が勝利を得る。他方、アベラールの主観主義は、キリストの自己犠牲的な愛による感化が人間の人格を高め、人間を救うと説く。両者を統合するアンセルムスは客観主義を強調するが、キリストの身代りの死は罪人の実存的窮境への参与を意味し、隠蔽《いんぺい》された罪意識を再発見すると説く。さらに神の正義は、罪人を実存的疎外の中に放置することによっても保持されるが、逆に神の永遠の生命の中で克服された非存在は、キリストが神の生命の外で実存的疎外に参与することを通して克服した苦難（非存在）と同一である。ここに神論と贖罪論、永遠と時間、存在論と歴史、内核と外核は統合される。

さて神の霊は人間の魂を再創造するので、古典神学の再生は新存在つまり新しい創造を意味する。また新存在を担うイエスの受容により、われわれは実存的疎外から新存在への転回（回心）を経験する。古典神学の義認の教義は新存在の受容を意味するが、ルターが義認は再生に先行すると説くのに対し、敬虔主義は再生が義認に先立つと説く。しかしティリッヒによると、聖霊の働きに基づく信仰が義認の前提であるように、新存在への参与を意味する再生は義認に先行する。

さらにパウロとルターは、それぞれ、罪人の受容と罪人の義認について語り、「にも拘らず」という要因を救済の過程に導入する。他方、ルターが人間の主観的受容の要素を無視するのに対して、ティリッヒは受容された事実と受容する勇気の同一性、つまりパラドックスについて語る。詳言すると、古典神学では最高個体としての神が罪人を受容する主体であるが、ティリッヒやハイデガーでは無の深淵（存在自体）が主語（神）であり、勇気、脱自、出来事が存在（述語）であり、主観と客観、主語と述語、実体と属性の対立を超越する存在自体、深淵について語られる。つまり無の深淵（存在自体）が出来事、開存なので、主語と述語がパラドックス、反対の一致という形式で相関される。このかぎり実践理性の領域における「罪人の義認」という真理は、理論理性の領域における「隠れた神」と「啓示された神」の同一性という真理と呼応する。つまり実在はパラドックス、出来事、存在の開示なのである。

「新存在」についても、古典哲学の枠組みの中では実存の条件下における本質の実現、つまり本質的実存と定義されるが、ハイデガーやティリッヒにおいては脱自、開存（Ek-sistenz）と定義される。さらにバルトではキリストの愛（アガペー）の出来事が根源的であり、アガペーのあり方に相応しく生きるキリスト者の本質もアガペーによって規定される。他方、ティリッヒは根源的出来事と本質を無条件に同定する。いづれにしろティリッヒの根源的存在はすべてを無差別に呑み込む無の深淵であり、その『組織神学』はこの無の深淵（存在自体）についての体系的な叙述であるが、ティリッヒは、第三巻の冒頭に次元の概念を導入して、同一の事態が異なった次元では異なった方法で表現されると説く。例えば、形態的存在の外側では、我と汝の交わりが生起するとすれば、内側では根源への帰郷がなされる。またアダムの堕落やキリストの現実性という根源的次元（神学の答え）は半分神話的、半分存在論的であるのに対し、本質の次元は存在論的であり、哲学と神学を統合し、哲学の問いの次元では概念は字義通りに使用される。さらに存在自体が脱存、開存である『組織神学』第二巻「キリスト論」では新存在も脱存、開存（聖霊キリスト論）を意味する。したがって神話も脱自的に解釈されて、字句通りの意味を解体（deliteralization）されて、象徴として使用される。この事態は、永遠の生命が脱自的な生き方の象徴となることにより例証される。

第一〇章　生と聖霊

キリスト論と聖霊論　ティリッヒは、理性（論理学）によっては捉えられない存在自体・存在の深み（神）を表現するために、超論理学、批判的現象学、形態的存在論を展開して、存在と思考と精神、存在と思考と存在の深み（意味）の弁証法的（合理的）関係を追求して来たが、『組織神学』第三巻において生の問いと聖霊の答えの相関論を形成する。本質と対比された実存が抽象的であるのに対し、本質と実存が混在する生は真の意味で現実的である。

ところが現実の生においては、自己を失うことを恐れるあまり他者を愛せない利己主義者や集団による個人の「いじめ」の例にみられるように、主体と客体、個人と世界は分裂する。したがって分裂した生は聖霊の扶《たす》けを求める。聖霊は、曖昧な生の中から人間を引き上げて、神との脱自的な統合へ入れるが、ティリッヒは聖霊の臨在を神の現臨と定義する。したがって生の問いに答える聖霊は、人間の生に内在する精神（人間の霊性）ではなく、別の始元である神の霊である。しかし形態的存在の外核（生）において生の問いと聖霊の答えがすれ違わずに相関論を形成するのは、ティリッヒの聖霊論が、形態的存在の内核（本質）におけるヘーゲルやシェリングの思考構造と相同性ないし比論を形成するからである。ドイツ観念論の精神が存在（実存）と思考（本質）の対立を統合するように、本質と実存の相剋から生れるティリッヒの生の問いには現臨（臨在）する聖霊が答える。反面、テイリッヒの生の問いと聖霊の答えの相関論と実存の脱自と存在の現臨を統合するハイデガーの存在論が構造的に呼応することも否定できないであろう。アリストテレスにとって、存在はいろいろな方法（形式）で語られるように、ハイデガーにとっても存在は存在の意味（存在のあり方）、つまり関心、意味連関、出来事、現臨、脱存、開存であり、ティリッヒにとっても神（存在自体）は究極の関心、存在の自己肯定、新存在、聖霊の臨在（霊の現臨）、脱自という存在の意味（精神の次元における存在の構造・存在のあり方）によって象徴的に語られる。

しかしキリスト教神学者としてのティリッヒにとって重大な問題は、キリストとの関係を離れて、新存在と聖霊が理解される危険性がある点である。もちろんティリッヒは、キリストとしてのイエスが新存在と聖霊の働きに関して終極的な規準となることを承認する。しかし西方教会が、父なる神「と御子から」(filioque) 聖霊が発出すると理解するのに対し、東方教会の伝統に従って、聖霊が父なる神から直接発出すると解釈し、またキリストの出来事を離れて新存在を理解する。とすれば、ティリッヒとハイデガーの関係が再び浮上するが、ティリッヒは聖霊の働きも最終的にはキリストの出来事において透明になると語る。ここにも同一性と差異性の同一性の論理が支配するが、これが哲学（理性）と神学（信仰）という異なるものの同一性を主張する弁証学的神学の意図するところであろう。

生の自己統合とその両義性　詳論すると、自己同一性から自己変化（差異性）を経て自己へ帰還する生の構造は、形態的存在の第一の本質構造である自己と世界の相関関係に基づき、人間の可能性を実現する。例えば、心理的領域における自己からの離脱と自己への帰還の弁証法は形態的存在の本質構造である個別化と参与の弁証法的関係に対応するが、本質の次元においては心理的（意識的）自我と人格的（精神的）自我は統合されている。ところが生の次元においては心理的自我（思考）は自己の同一性を失うことを恐れるあまり、他者（存在）の刺戟に対して無関心、無感覚となり、自我の中に引き籠る場合がある。このような場合、現実の生においては自我は他者との相剋を経て精神性（人格性）を確立することを拒否するので、自己同一性は死せる形式へと変化し、本質（思考）と実存（存在）は分裂する。

また真の人格（精神性）は、環境への隷属を打破する啓蒙主義の自由と、運命に応答する真の自由によって形成されるので、ティリッヒは環境決定論（environmentalism）に反対する。なぜなら環境決定論は、人間を有機的次元へ還元し、精神的次元への参与を阻止するからである。さらに現実の生においては、他者は全世界を所有しようとする自我の根源的欲望に反抗して、実在の本質構造である道徳規範を形成するので、自我は他者との出会いにおいて道徳を認識し、人格となる。したがって他者との出会い（神の恵み）において自己の内実を増し、自己への帰郷において増加した内実（本質）を堅持することにより、道徳的人格は形成される。

ティリッヒによると、「他人を人格として認めよ」というカントの定言命法（本質）は、他者に参与し、他者の特殊性を受容すること（出会いにおける恵み）が具体的な道徳律を形成することを指示するので、アガペー（恵み）が道徳性を基礎づける。この限りティリッヒは、キリストの出来事によって道徳性を基礎づけるバルトに接近する。ところが本質（理想的状態）の領域においては、ティリッヒはドイツ観念論に基づいて他者を自己の疎外態と理解する。たしかに本質の次元においては人間は恣意的ではなく、「あるべき姿」で行動するであろうが、「外なる主体」を完全に捉えることはできない。「外なる主体」について語るバルト、ブーバー、レヴィナスは、根源的あり方は主体間の交わりであり、孤独の主体は抽象であると主張する。とすれば、ティリッヒの次元の概念の導入は、真の解答ではなく、解答の回避であると批判されるであろう。他方、ティリッヒの体系を形態的存在に譬《たと》えると、本質の領域（内核）には神が内在するが、本質から転落した実存の領域（外核）は空虚なので、外側から語りかける神の救いが必要である。したがって本質の次元ではヘーゲル的な汎神論が成立し、実存の次元ではバルト的な超越神論が成立する。ところが汎神論と超越神論を統合するのが、ティリッヒの汎内神論、万有在神論なのである。

さて律法を実行することは、人間が自己の本質と再結合することを意味するが、律法自体は本質と実存の落差を明示する。生の次元において、われわれは律法（本質）の妥当性を承認するが、律法を実行する能力に欠ける。したがって律法を超越すること（超倫理）により、律法を成就する神の恵み（アガペー）、すなわち人間の本質と実存を再統合する新存在を探究する。

生の自己創造とその両義性　形態的存在の第二の本質的両極である力動性と形式の統合により、生は自己を創造し、成長する。成長は、実在が自己を超越して行く過程であり、実用主義者にとって生の究極的規範である。また成長は、自己中心性とともに生の普遍的機能として、他者との紛争を内包し、「出会いの現象学」を形成するが、個人の人格は、外から降りかかる試練に対する敗北と勝利を通して形成される。しかしティリッヒは、形態的存在の外核である実存の外側に他者との出会いを位置づけるので、他者との出会いを三位一体の神の交わりという形で自己の神学の中心に据えるバルトとは異なる。もちろん、個別化と参与を統合する形態的存在の本質構造は出会いの枠組みを形成する。例えば、人間は世界をもつので言語をもつが、人格としての他者と出会う能力を失うと、意味ある言葉を語る能力を失い、聴従すべき「汝」の壁がないと、無意味な言葉を語る。しかしティリッヒの存在根拠は深淵であり、三位一体の神の交わりであるバルトの存在根拠とは異なる。

さてわれわれは、文化的創造の際、主題（Inhalt）を選択し、その形式（Form）を志向するが、その実体（Gehalt）は存在の深みとして無意識裡に臨在して、創作に情熱と衝撃と意味を与える。しかしわれわれは存在の深みを表現する代りに事物の表層（客観）を模写し、実在との出会いを表現する代りに自己の主観性を描写し、主観と客観の関係を歪曲するので、両義性、曖昧さの問題が生起し、実存的疎外の条件下における主体と客体の無限の隔りが露呈される。

次に言葉は、意味を創造する力を、精神が実在に出会う形式に負うので、言葉が実在を意味へと変容する際の精神と実在の分離によって、両義性、曖昧さが生れる。例えば、ハイデガーの非本来的人間は、意味の担い手である言葉を、お世辞、自己弁護、自己宣伝のために利用するのに対して、父なる神は言葉と力を統合し、キリストは言葉と人格を統合する。また聖霊は、言葉を、聖霊の脱自的現われである霊的言語とし、主体と客体の分裂を克服する言霊とする。他方、文化の両義性は、主体の抽象能力、環境からの独立能力の両義性に対応するので、曖昧となった生は、主体と客体の対立を克服する聖霊の答えを求める。

最後に、自己を超越する生命、自己の存在の根底に透明になる生命、永遠の生命は、人間存在の意味を形成する。たしかにヒューマニズムと自由神学は、曖昧でない生について問うが、自己の創造的機能を絶対視して、自己満足に陥るので、生命の自己超越性を阻害する。さらにヒューマニズムの理想自体が本質主義的であり、実存の問いを考慮しない。したがってヒューマニズムの理想を実現できず、自己矛盾に陥った生は、文化の意味に答えることができる聖霊なる神を求める。

生の自己超越とその両義性　形態的存在の第三の本質的両極である自由と運命の統合により、生は自己を超越する。さらに自己を超越する生である宗教は、文化的創造の尽きることのない泉（実体）となり、究極の関心となるのに対して、生は、本質と実存の混合、本質からの自己疎外を意味する。したがって世俗化した現実の生は、功利主義的計算によって道徳を支配し、宗教を阻止するので、宗教は、自己超越性と究極的意味を喪失し、文化の深みではなくなる。とすれば、生の曖昧さに答えると主張する宗教は、その曖昧さ、両義性を倍加する。

宗教は、神的根底の啓示に対する人間の応答である限り、存在の深み（聖）に透明になり、自己を超越する。しかし世俗化され、両義的となった宗教は、他の文化領域である心理学や社会学へ還元される。事実、構造主義は、宗教を、文化人類学や社会学などの文化的創造の所産に還元し、究極の関心、存在の深みとしての宗教には関らない。また宗教的な自己超越は、神と魔神の区別を曖昧にするが、魔的な自己超越は神の力に歪んだ方法で参与し、聖の媒体（存在者）と聖自体（存在の深み）を混同する。それゆえ宗教は、啓示に根差す限り透明であるが、啓示に応答する人間の行為だけに関わるとき、曖昧となる。

宗教は、精神的次元における生の自己超越にかかわるので、透明な生への問いに対する答えとなるべきではあるが、宗教自体が両義的なので問いにとどまり、神の霊的現臨を待望する。反面、生には自己を超越する本性があるので、透明な生への探究（問い）がなされる。生は、自己を超越して向上するが、無制約者には到達できないので、その答えを上からの啓示に待つ。したがってティリッヒ神学の内核において神（運命）と人間（自由）の同一性を達成するドイツ観念論は、最外核である生においては挫折し、その自己超越（自由）の試みは生の問いとなり、聖霊の答えを求める。

霊的現臨

人間の精神は、無機的次元、有機的次元、自意識の次元を経て現われるが、神の霊は、人間の精神の脱自において自現する。「霊的現臨」とは、存在の力と意味を統合する精神的・霊的経験を通して、現臨する神の啓示を経験することであるが、人間と神の関係は人間と存在の深みの関係によって象徴される。ティリッヒ神学の内核においては、神の生命の一要因である人間は、神と本質的関係を保持し、自己を超越し、神と人間は相互に内在する。反面、ティリッヒ神学の外核においては、神から疎外された実存は、自己超越的本性によって透明な生命について問うことは出来るが、答えることはできず、その答えは神の霊的現臨によって創造され、恵与されるので、自然神学は成立しない。

聖霊は、人間の精神に脱自的に現臨するが、人間の中心性、人格性を破壊せず、人間の霊的脱自は精神構造を破壊しない。パウロが聖霊の現臨の脱自的経験について語るように、神と統合される人間の祈りは脱自的である。他方、宗教的脱自を心理学的に説明すると、精神の自己超越性は還元主義的に世俗化される。例えば、主観と客観の対立が成立する以前（以下）の無意識（無差別）の領域と、主観と客観の対立を超越する超意識の宗教と倫理の領域とは異なる。ユングの原型が、アニマやマニムスの例にみられるようにリビドー（力動性）と規範（形式）を混同し、無意識（意識以下）と超意識を区別しないのに対して、エリアーデの原型やティリッヒの聖霊論は、両者を峻別する。

ティリッヒの聖霊論は、ヘーゲル的な枠組みを持つが、神学的には正統的である。例えば、人間の祈りは、神が人間を通して神へ祈る聖霊の行為に人間が参与する行為であり、人間の主観と客観の対立の構造を超越する。また「神の言《ことば》」は、人間の言葉が聖霊の媒体となり、聖霊が人間の精神を捉えるとき生起するが、人間の言葉と神の言を区別する規範は聖書である。さらに人間の精神に現臨する聖霊は、存在の深みであり、人間に内在的ではなく、人間の外から人間を捉える。

神の生命に根差す人間の愛と信仰は、人間の脱自的あり方であり、本質と実存の対立を超越し統合する。人間の信仰は、形式的には聖霊の現臨によって神の生命の超越的統合へと開かれた人間のあり方であり、ハイデガーの開存（Ek-sistenz）に対応する。また人間の愛は、聖霊の現臨によって永遠の生命の超越的統合へと取り入れられた人間精神のあり方、また神の生命に脱自的に参与する人間精神のあり方であり、神の生命を象徴する。反面、聖霊は、分裂した人間を癒すために人間と再結合するが、そのために神の本質領域を離脱する神の脱自的あり方であり、キリストと呼ばれるイエスにおいて新存在を創造する。

聖霊の現臨と新存在　曖昧な生を構成する本質と実存の対立と葛藤は、聖霊の現臨によって超越・統合され、新存在を創造するが、人間は透明な生と新存在に断片的に参与する。また脱自的な精神と、本質に透明になる実存は、聖霊の現臨（臨在）を経験するが、東洋の神秘主義が自我を無化するのに対して、キリスト教は、脱自的経験においても、信仰と愛の主体を堅持する。神の霊は、キリストとしてのイエスにおいて歪曲されずに現臨し、キリストの自己否定によって透明になるので、共観福音書は聖霊キリスト論を堅持する。イエスを通して働く聖霊は、魔的な力を征服し、病気を癒すので、イエスは優れた意味で聖霊を宿す器となり、遂に聖霊による処女降誕の物語が形成される。ペテロの告白が例証するように、イエスをキリストとしたのは、人間の精神ではなく、聖霊の現臨であった。したがって聖霊の現臨は新存在を意味する。

聖霊が現臨(臨在)する新存在の共同体(教会)では、すべてが透明になるので、アガペーとエロース、友愛と根源的欲望の間に緊張はあるが、葛藤はない。ところが生の実存的疎外においては、緊張は葛藤に変る。また聖霊が現臨する宗教的存在にとっては、人格を確立する道徳的行為が前提となるが、道徳的命令の実行は本質的存在の肯定を意味するので、真の霊的共同体には、歪曲した実存が要請する宗教的象徴や宗教的典礼は不必要となる。さらに神の生命は、信仰と道徳を統合し、次に、人間を超越する神との統合へ人間を参与させ、他者との出会いによって人間の人格を形成する。最後に、人間を超越する聖霊と人間の統合は、人格と存在の根底を統合する。したがってティリッヒは、バルトと同様に、神の恵みによって倫理を基礎づける。

聖霊の現臨と宗教の両義性

キリスト教会は、霊的存在であると同時に生一般に共通する性格をもつので、両義的である。イエスをキリストとするのは、媒体であるイエスの自己否定(プロテスタント原理)であると同時に、教会を霊的共同体とするのは、眼にみえない本質的な霊性(カトリック的実体)である。ところが個々の教会員は、恵みにより信仰を通して義とされたので、自己否定を怠ると、信仰は曖昧となり、霊的現臨を喪失した地域教会は世俗化する。

教会に対するプロテスタント的批判と改革は、宗教的曖昧さに対する霊の戦いを意味するが、聖霊の働きを現実化する教会のカトリック的実体（伝統）を前提する。また聖霊の現臨は、文化（芸術）の形式を肯定すると同時に脱自的に超越するので、無限に隔たる神を賛美することは、表現主義の芸術と同様に、有限で疎外された人間が聖霊の臨在により脱自的に神を承認し、逆説的に神に参与することを意味する。さらに祈りの逆説性とは、ヘーゲルが指示するように、神の霊が人間の代りに祈ることであり、カトリック教会の黙想とは、ハイデガーの開存（Ek-sistenz）が示唆するように、主客の対立を超越する神（存在自体）に参与することであるが、霊は意識我を超越し、霊に対して語る。反面、聖霊の臨在を人格的に理解するプロテスタント教会は、黙想を軽視するが、霊は脱自的であり、主観と客観の対立を超越する。さらにヘーゲルが指示するように祈る人間と祈られる神は、同一であると同時に異なり、聖霊は同一性と差異性の同一性により性格づけられる。

人格は、他者との出会いにおいて人格となり、信仰と愛の共同体の中で育成されるので、曖昧さからの逃避によって透明な生活を志向するカトリック的修道生活は、人間の可能性を否定する。さらにカトリック的禁欲主義は、形相に対する質料の抵抗を抑圧するという形而上学的・神秘主義的概念を内包するが、その意図は生の両義性・曖昧さを生む質料（肉欲）の抵抗を阻止することである。他方、プロテスタントは、「存在としての存在は善である」ことに基づいて、肉欲を認め、倫理的禁欲主義、つまり自己修練に励む。したがって回心した人間は、可能的本質へ戻るのではなく、新存在へ向う。

義認と聖化

ヘーゲルによれば、本質から切り離された実存に湧き上る疑いは、本質にまで透明になる実存の反省、または実存に反射された本質によって答えられるように、自己疎外を自覚し、存在の根底に究極の関心を抱く者は、すでに聖霊の現臨によって捉えられている。さらに究極の関心を抱くこと自体が実存の問いに対する答えであり、疎外の状態にある実存は、すでに受容されていることを物語る。したがって聖霊の臨在は、受容しがたい者を受容するという義認の教義（パラドックス）の源泉であり、実存の問いは聖霊の答えを反映する。義認とは、神と人間の統合（答え）は神に依存し、人間の知、情、意の業（問い）ではないことを意味し、信仰とは神の恵みを受容することを意味する。これはルターの信仰義認の教義であるが、現代人にとっては無意味になった世界に意味を見出すというハイデガー的な現実理解が最大の関心事となる。

カルヴァン主義が、上昇線を描いて前進する過程として、聖化を理解するのに対し、ルター派は、新存在における逆説的要素を強調し、脱自と不安、信仰の高嶺への上昇と曖昧さへの転落という上下運動の過程として、聖化を理解する。他方、分析心理学が、崇高な精神も人間のリビドー（根源的欲望）の昇華である事実を開示するのに対し、ヒューマニズムは、魔性を克服する聖霊とキリストを等閑視し、聖なる神と魔神との葛藤を、調和的な自己実現の理想によって置き換えるが、「聖」の魔的側面を避ける者は、「聖」の神的側面をも見失う。

最後に、プロテスタント神学によると、聖化とは神と人間の神秘的合一であり、信仰と神秘主義は相互依存する。また信仰とは、人格の中心が聖霊によって捉えられることであるのに対して、神秘主義とは無限が有限の中に臨在することである。したがって信仰を脱自的経験と理解することは、神秘主義的解釈であり、聖霊の現臨は、主観と客観の対立を超越し、人間の主観の精神的機能としての宗教の両義性を克服する。それゆえ究極の関心（神秘主義）によって捉えられた信仰（人格）は、出会い（救済史）と帰郷（神秘主義）の対立を克服する。

聖霊の現臨と文化と道徳の両義性　文化の諸領域（形式）が文化の深み（宗教）を表現するように、文化の自己超越性（霊性）は、絶対者に対する生の志向性（神律）を表現する。それゆえトマスの神の恵みが、自然を破壊せずに完成するように、聖霊は、人間の精神を破壊せずに完成する。ロマン主義や中世の文化が、自律と神律を統合するのに対して、自律の正当性を否定する正統神学は他律に堕すが、神律は自律と他律の対立を超越し統合する。神話に根差す神律から自律を解放しないと、文化の発展は望めないが、文化が自律的になると、文化はその深みと超越的意味を喪失する。それゆえ自律は他律の反動を招くが、自律と他律の抗争は神律への問いを生み、その答えは聖霊の現臨からくる。

聖霊の現臨は、表現主義の芸術に見られるように、神律的形式の創造により文化の曖昧さを克服するが、実存の制約下においては、神律は断片的な勝利を得るに過ぎない。なぜなら主体としての自己と客体としての自己の分裂を意味する人間の自己決定の曖昧さは、実存の条件下では完全に克服されないからである。また他者は疎外された自己であるから、自己の人間性は他者との再結合によって完成される。しかし自己の主体性を他者へ開け渡したり、他者を自己の中に取り込むことにより主体と客体の分裂を克服するのは、曖昧な解決方法であり、人格を破壊する。他方、現臨する聖霊が、自我の自閉的な殻を突破して、他者と自己が同一の存在根拠に根差していることを示す時、人間性は救済されるが、それは存在の深みが人格性を自己の中に畳み込んでいるので、人格ではないが、人格的だからである。

実存の制約下では、道徳と文化と宗教の本質的統合は分断されているが、現臨する聖霊は、断片的ではあるが三者を再統合する。したがって臨在する聖霊は、神律的文化と神律的道徳、つまり超文化的文化、超道徳的道徳を創造する。霊的人間は、自己同一性と自己変革を統合し、自己の人格を分裂させせずに、他者を自己の中に取り入れる目的で、自己の中心と普遍的中心を一致させ、自己の人格の中に他者との出会いを内包する。しかしティリッヒは、他者が自己の疎外態か、あるいは「外なる主体」かについては、折衷主義を取るが、これは量子力学において光が波動と粒子の両方の性質をもつ事実に対応する。いづれにしろ、臨在する聖霊は、人格と存在、出会いと帰郷、相関論と弁証法を統合する。

現臨する聖霊（parousia）は、新存在によって実存の歪曲を克服するので、人間の本質（ousia）は実存の制約下でも現成する。しかし観念論が自己を犠牲にすることなく人間の理念を直接に実現するのに対して、聖霊による人間の完成は、まず人間の可能性を神に献げて自己否定し、次に、みずから否定した本質（可能性）を神から受け取り直すので、同一性と差異性の同一性によって性格づけられる。さらに実存的に疎外された者は愛することができないが、聖霊は、疎外された実存を神の生命と超越的に統合するために、人間的実存の人格を高め、疎外された実存と「あるべき姿」の本質を再統合する。たしかに本質における無償の愛は、実存の条件下では条件付の愛に変るが、神学的には愛と恵みは、同一の霊的実体の異なった側面であり、愛は罪人にも無償で与えられる。神の恵みによって、自己は、真の自己と他者と存在の根底に再統合される。新存在がある処には、恵みもあり、キリストと聖霊は統合され、三位一体論への道は準備される。

三一神的象徴　聖霊は、父なる神（創造）とキリスト（救済）の象徴（信条）を前提し、人間の精神に脱自的に臨在する神である。したがって三一神論（三位一体論）は、神的本性を反映し、実在に基礎をもつ（fundamentum in re）。三一神的思考へ導く三要因は、まず人間の究極の関心における絶対的要因と具体的要因の緊張関係、次に生の過程として自己展開する存在の根底（深淵）、最後に創造する力（父なる神）、救済する愛（キリスト）、脱自的な変革（聖霊）という三つのあり方で自己を顕示する神である。まず、人間は具体的なものにしか関心を持てないので、人間の究極的関心における究極性の強調は、神の具体的顕示を要求する。次に、生ける神は、神の中に非存在、つまり他者を設定することを要請し、神の生命は、分離と再結合という生の弁証法を反映する。最後に、三一神論は、キリストとしてのイエスにおける存在の根底の顕示に根差すが、聖霊なしには完全ではない。キリストは霊であり、歴史における新存在は、聖霊の働きによって現実となる。

さらに神における根底・深淵（父なる神）と形式・自己顕示（キリスト）の区別が、生ける神と創造の教義（象徴）を展開するために必要なことは、ヘーゲルが指示する通りである。またロゴス論は、ハルナックが主張するように主知主義的ではなく、実存的、救済論的である。そのうえキリストとしてのイエスを創造したのは神の霊であることは、聖霊キリスト論が示す通りである。三一神論の根源的な機能は、人間に対する神の自己顕示であり、神の深淵の奥の奥（玄のまた玄）を開き、実存の問いに答えることであった。ところが三一神論は、徐々に透視できない深淵の神秘となり、遂には神学的謎となった。

しかし自己から出て自己へ戻る弁証法的運動によって性格づけられる神の生命を象徴するには、三位一体論は最適であり、ティリッヒの三一神論はヘーゲルやシェリングの哲学と構造的に呼応する。さらに古典神学の男性神（天の父なる神）に対し、現代の要請である女性原理を表現するにも三位一体論は適合する。まず、存在の根底は、すべてを呑み込むと同時にすべてを産み出す母性的資質を指示し、次に、キリストは自己犠牲を象徴し、男女の区別を超越するからである。そして最後に、現臨する聖霊の脱自的性格は、男と女、理性と感情の区別を超越するからである。

第一一章　歴史と神の国

歴史と終末論

『組織神学』の終章「歴史と神の国」は、シェリングの『啓示の哲学』への帰還でもあり、ティリッヒ神学は円環を形成して、体系を完結する。歴史は、善と悪、存在と非存在、神と悪魔の抗争によって創造されるが、ティリッヒは、清濁混在する現実の生と歴史の中で、歴史の両義性と曖昧さの解決を試みながらも、その課題（問い）に答えられず、神の国の到来（終末論）を待望する。

ティリッヒは、ヘーゲルやシェリングの本質主義の哲学を自己の体系の内核としながらも、体系の最外核である現実の生と歴史においては、神（存在根拠）と本質的自己から疎外された実存と本質が混在する事実を謙虚に認めるが、この混在する本質と実存の落差（生の両義性）が哲学の問いを形成する。内核を形成するプラトン哲学では、人間の歴史は、天（神）から下降し、天（神）へ帰還する抛物線を形成し、人間は自分の力で天国（神の国）へ帰郷することができた。ところが同じ思考構造によって神学するアウグスティヌスになると、人間は罪の重みによってこの世に引かれ、自力による天国への帰還は不可能になり、神の恵みが必要となると同時に神の国は歴史の目標となる。同様にティリッヒの神の国は、垂直線上の天国だけではなく、水平線上に実現される終末論的現実（脱自的開存）とも考えられるので、歴史を超越すると同時に歴史に内在的でもある。

「聖霊論」ですでに言及したように、ティリッヒは、ヘーゲルやハイデガーと同様に中世の神秘神学や近代のロマン主義を通して、霊的実在や聖霊の臨在に深い理解をもち、正統神学の聖霊論に接近する。つまり『組織神学』第三巻は、哲学的には新しいものはないが、神学的には、ティリッヒの神学体系の最外核である生の曖昧性と聖霊の答えの相関論に加えて、「外なる主体」である他者との出会いや、外から人間の歴史の中に切り込んでくる神について語る。これは堕落した実存（罪人）の生は空虚であり、外から介入してくる神の救いを必要とするからである。したがってティリッヒは、シェリングの哲学でさえ、本質哲学であると批判し、歴史を変えるのは、歴史の外部から介入してくる神の力であると語るなど、バルト神学に接近する。

換言すれば、歴史の両義性を解決するものは、歴史の中にはないが、過去・現在・未来を統合する根源的時間（存在・意味）を形成しながらも、カイロス（適時）として歴史の中に切り込んでくるキリストの出来事は、神の国の臨在（終末）を啓示する。たしかに歴史は、自己の中に自己の目標と意味を持っていない。しかし歴史は、人間の実存と同様に、存在の根底から疎外されているにしても、切り離されてはいない。では存在の根底（無の深淵）においては、人間の歴史は救済史と統合されるのであろうか。

生と歴史

いづれにせよ、歴史は生の延長であり、精神の次元で実現されるが、目的意識と召命意識をもつ集団や国家が歴史を創造し、歴史を担う。アブラハムの召命感がイスラエルの歴史の目標を決定したように、預言者たちの召命意識は、神の国という形で、キリスト教の歴史の意味を開示する。歴史の目標である神の国は、人間の歴史を水平方向に未来へ向って超越するが、これが終末の問題であり、永遠の生命がその答えとなる。神の国という象徴は、空間的要素を内包するので、他の場所と並列される場所であると同時に、すべての場所を超越する場所となる。

他方、歴史の実体は、歴史の同一性を保証し、空間と同様に歴史の基底を形成するのに対して、動的な時間と因果律は、静的な空間と実体から出発して、そこへ帰還する。しかし創造性だけが歴史の因果律の本質であり、その他に歴史的法則も普遍的構造もない。つまり普遍的進歩の法則は摂理の教義の世俗化であり、成長と衰亡の法則は実存の円環的理解に基づく歴史解釈である。また根源的同一性から自己変革を経て自己同一性へ帰還する生の弁証法的運動は、歴史や生の過程だけではなく、神の生命をも象徴的に記述するが、弁証法を普遍的法則とすることはできない。ヘーゲルの弁証法は、疎外と和解を象徴する限り正しいが、それを概念化し、現実の歴史の普遍的法則としたところに誤りがある。

さて究極的な新しさへ向って進む歴史の視座から、生を観察すると、個別化と参与を統合する生と歴史は、両義性を拭い去り、力と正義を統合する中心を目指して進む。同様に力動性と形式を統合する自己創造的な歴史と、自由と運命を統合する自己超越的な歴史とは、両義性を克服して、新存在の現成《げんじょう》を目指して前進する。反面、歴史と生は、実存の条件下では自己の中心と全体の中心を統合する新存在を実現できず、その答えとなる神の国を待望する。実存の疎外（生の問い）と実存の救い（聖霊の答え）を統合する歴史の神がヘーゲルの弁証法の原型である事実が例証するように、創造的哲学者は、究極的な実在との出会い、擬似啓示の経験に基づいて思索する。したがって哲学者がロゴスから霊感を受けて存在の問題に答えるとすれば、神学者は、人間に対して垂直に語りかけるキリストの出来事、現臨する聖霊から答えを得る。

歴史の両義性　すべての創造的文化は「究極の関心」（宗教的実体）を保持するが、これが国民の召命意識を形成し、国家の性格はその宗教的実体によって決定される。法を代表するローマ帝国、キリストの体を代表する神聖ローマ帝国、キリスト教文明を代表する大英帝国、自由の原理を代表するアメリカはその例である。しかし世界を統合する偉大な征服者たちは神の魔的な仮面であり、帝国は、統一、創造、理想化という側面と、崩壊、破壊、世俗化という側面をもち、この両義性が歴史と生の曖昧さの象徴となる。

帝国の統一性（中心性）と個人の自由の統合によって、創造性は生まれるが、専制者だけが自由を享受すると、その行動は衝動的となり、創造性を失い、無意味になる。また創造的な歴史においては、新しいものは古いものの要素を内包するが、これがヘーゲルの止揚の概念を形成する。歴史は、新しさを創造するので偉大であるが、その両義性のゆえに悲劇的でもある。さらに聖なる伝統と預言者的な新しさの葛藤は、宗教史の中心課題であり、一方が自己の究極性を主張すると、破壊的な結果を招く。

歴史の終局直前の一千年間キリストが支配するという千年王国の預言は、「階級なき理想的な社会」の実現という形で、啓蒙主義（理性）によって世俗化された。千年王国も階級なき社会も歴史における自己超越を表現するが、現実の歴史では曖昧に実現されるに過ぎない。この曖昧さは、まず自我を絶対化し、現在を歴史の第三段階（霊的・精神的段階）とみるカトリック教会によって例証され、次にキリスト教の分派運動による世俗的ユートピアの建設の失敗によって例証される。民主主義は、誰もが歴史形成の過程に参与できる創造的自由を保証するが、民主主義の下でも個人の不透明性は残る。そこで人間は、実存にとっての歴史の意味を問い、その答えを神の国（聖霊の現臨）に求める。

歴史解釈と神の国の探究　歴史理解への鍵を決定し、歴史解釈の扉を開くのは召命意識であるが、特定の集団の召命意識とその歴史理解を統合するのが神学的円環である。アリストテレスの『政治学』は、未開人に対するギリシア文明の優位の中に、ギリシア人の召命意識と歴史解釈の鍵を見出すが、キリスト教徒の召命意識は、生の両義性が提起する問いと神の国の答えの相関論の中に見出される。

ギリシアの悲劇的歴史観によると、歴史は、歴史的目標、超歴史的目標を指向せずに、円を描いて始源へ戻る。それゆえギリシア悲劇は、生の両義性を克服できず、崩壊する生を救えない。他方、新プラトン主義、インド教、道教、仏教は、神秘主義的歴史解釈をとり、生の曖昧さを克服する道は究極的実在との超歴史的な合一であると説く。

さて歴史は、歴史に内在的な目標と超歴史的な目標へ向って前進するので、歴史を自然へ還元する環元主義的自然主義は、進歩を説く点では正しいが、歴史を超越する目標を無視する点で誤る。ちなみに歴史に内在的な目標の達成は、超歴史的で究極的な目標を達成することも、しないこともあるので、歴史的実存の両義性の原因となる。他方、無限の進歩に対する反論は、ユートピア（理想郷）的歴史観からくるが、場所の欠除・非存在（outopos）を理想郷（eutopos）とみるユートピア運動は、制約されている未来を無制約的未来と見做し、実存的疎外と生の両義性を無視する点で誤る。さらに超越的歴史観は、政治的両義性を締め出すために救済と創造の領域を区別するが、神の国を超自然的な救済の秩序と理解し、文化と自然を救済の秩序から除外する点で誤る。

神の国は、キリスト教にとっては、歴史に内在的であると同時に超越的である。この神の国の重層的性格は、歴史に内在的な汎神論の神と歴史を超越する超越神を統合するティリッヒの汎内神論の神に対応する。特に人格、社会、政治の領域は、仏教の救いとは関係ないが、キリスト教の救いにとっては本質的である。キリスト教にとって、神の国は、まず神に属する政治的力であり、次に平和と正義の行われる社会であり、最後に超歴史的な次元における人格の完成である。さらに預言者が歴史に内在的、政治的であるのに対し、神が諸国民を支配する新時代は、歴史的発展によらず、神の介入によって実現するという超越的側面を容認する限り、ティリッヒはバルトに接近する。そのうえ神の仲保者キリストは、歴史的・政治的なメシア（救世主）ではなく、天から介入する「人の子」であることも容認するティリッヒは正統神学に接近する。

歴史の動態と神の摂理　善と悪が抗争する歴史は両義的なので、両義性を克服する救済史と両義的な世界史を同定したドイツ観念論は誤りを犯した。たしかに救済史は、世界史の一部であるが、自己超越的なので歴史の最内核を形成し、最外核である世界史とは異なる。しかし歴史の最内核と最外核を統合する民族の中心は、民族的召命感が生起するとき成立するので、イスラエルの出エジプトとアメリカの独立戦争は、それぞれ両国の歴史の中心となり、出来事のカイロス性を証しする。さらにキリスト教のカイロスは、神の国の到来（parousia）を受容するまでに歴史が成熟した瞬間を指示するが、神の国をもたらす神の摂理は、適時（好機）における神の行為によって成就する。しかし歴史の中心となるべく選ばれたカイロスも、ヒトラーの例にみられるように、魔的に歪曲されることもある。

神は人間を通して創造的に働くので、神の歴史（運命）は人間の自由な応答によって成就する。したがって神の意志（運命）が成就し、本来的歴史（救済史）が形成されるところでは、神が語りかけ（問い）、人間が応答するという関係が生起し、実存の問いと神の答えの相関論は逆転する。

たしかに神の計画（他律）という形を取るアウグスティヌスとカルヴァンの予定論では、運命は人間の自由を無化するほど強力になる。反面、魔的諸力は、存在の根拠（神）と再結合する人間の自由を阻止できない。他方、ヘーゲルは歴史の過程を弁証法的に記述できると主張したが、文化の内的葛藤や歴史の中に突入してくる神の国を考慮しなかった。ところが預言者たちは、歴史的創造、審き、恩恵を通して働く神の普遍的法則を描き、神の特別な摂理が神の生命の中に隠蔽された秘義であることを示し、そして神の国は哲学的思弁とは異なり、神学の答えは哲学的思弁とは異なることを示した。

神の国と世界史　教会は、霊的共同体を啓示すると同時に隠蔽するが、神の国は、霊的共同体だけでなく世界全体を包摂する。歪曲されても精神は精神であるように、歪曲しても教会は神の国と世俗性を逆説的に統合する。このパラドックス（逆説性）を表現するのが、預言者的批判主義であり、キリスト教文明の中に世俗的運動を展開し、人間理解を根本的に変え、科学的ヒューマニズムと共産主義を生み出した。それゆえプロテスタント教会は、祭司を信徒とし、典礼を言葉とし、聖を俗とした。反面、カトリック教会は「聖」を典礼化したが、聖性を事物や言葉で表現すると、事物や言葉は魔的となる可能性がある。他方、教会史は、救済史を顕示すると同時に隠蔽するが、教会史は究極の基準としてイエスにおける新存在をもつ。したがって教会史は、世界史の一部分である限り両義的であるが、世界史を超越する新存在を証《あか》しする限り、逆説的である。それゆえ歴史的摂理は、教会の魔神化と世俗化にも拘らず、神の国を実現する。

さて歴史における神の国は力であり、創造とは力なので、破壊する力を阻止する力を発揮する限り、民主主義は神の国を顕現する。たしかに民主制度と神の国を短絡的に同定することは誤りであるが、民主主義が政治権力の集中と解放の平衡を保つ限り、民主主義は神の国を象徴し、支配権力の両義性を克服する。また歴史的自己創造における力動性と形式の両義性は、革命（力動性）と伝統（形式）の相剋を惹き起すが、伝統と革命を統合する民主制度は、分裂を克服し、歴史における神の国の勝利を宣言する。さらに生命の成長は、通常、有機的であるが、精神的革命を生み出す霊の力は、不安という精神的な危機を導入することにより、不安を克服する勇気という新しい精神的な基礎を創造するが、精神的な新しい基礎は、究極的には外部から到来する神の呼びかけに対する生に内在的な人間の応答によって形成される。

歴史における自己超越に伴う自由と運命の両義性は、神の国の待望と実現の間の緊張関係によって生起するが、運命を受容する典礼的教会は現在を強調して待望を無視する危険を内包し、自由と行動を強調する預言者的教会はその逆の危険を内包する。保守的教会は個人の救いを強調し、預言者的教会は社会変革を強調するが、神の国は、カトリック的実体（典礼）と預言者的批判を統合する。

また個人も歴史に参与するので、歴史の悲劇に巻き込まれ、多くの犠牲を払うことを強いられることがある。しかし歴史的犠牲を払う人々の間で神の国は実現する。なぜなら神は、本来的犠牲を払う人間の生を無化するよりも成就するからである。

神の国は、神の栄光と神の愛を統合するので、超越的側面と内在的側面をもつ。超越的側面は、歴史的時間の終焉において黙示的・破局的象徴を解釈するとき重要となる。反面、内面的目的という意味での歴史の終焉（内核）は、永遠の生命（自己超越）であり、時間から永遠、実存から本質への推移を象徴し、本質から実存への堕落（外核）に逆対応する。

永遠の生命

ティリッヒは、シェリングと同様に、進化（創造）論的目標は、存在の深淵の中に畳み込まれていると理解する。したがって新しい事物の創造は、存在の可能性として深淵の中に畳み込まれているという意味では新しくないが、自由に創造されたという意味では新しい。他方、時間的目標（外核）から永遠の目標（内核）への推移において、否定的なものは無に帰すが、これが永遠の審判である。反面、積極的なものは、被造物の本質となり、真の実在性をもつ。プラトンの視座（内核）からみると、永遠へと高められた存在は、本質へ帰還するが、これはシェリングの本質化にも共通し、単なる本質（可能性）への帰還を意味し、実存の制約下にある現実的なものを排除する。インド教においても本質化は、本質から転落した実存（外核）が本質（内核）へ帰還することを意味する。しかしキリスト教では、本質化とは、時間において実現された新存在（根源的存在）が本質に付加されることを意味する。キリスト教では、過去と未来は新存在（現在）において出会い、すべては根源的存在（永遠の現在）の中に包み込まれる。

次に、個別化と参与を統合する永遠の生命（脱自・自己超越）は、全体を包摂する神を意味するので、緊張の中に平衡を保持し、死せる同一性を意味しない。また永遠の生命は、力動性と形式を統合する神の創造性を意味し、人間の創造性を包摂する。さらに永遠の生命が、存在自体の自己実現を意味し、自由と運命を統合する神の超越性を意味するのに対し、有限者は自己の自由によって自己を超越し、自己の運命を成就する。

最後に、永遠の生命（脱自・自己超越）は、道徳の終焉を意味するが、実存の条件下に本質を実現する愛の交わりは、形態的存在の最内核と最外核を統合するので、本質（内核）と実存（外核）の落差を示す律法は不要となる。永遠の生命は完全な愛の生命であり、愛は、法によって要求される以前に、法の要求を実践する。さらに永遠の生命は、文化の完成（終焉）を意味するが、文化が精神の次元における生命の自己創造であるのに対し、永遠の生命は、精神的創造を超越する霊的創造である。したがって永遠の生命においては、人間の精神的創造は神の霊の啓示となり、哲学と神学、神秘主義と啓示は統合される。

他方、宗教は、人間が存在の根底から疎外されているので成立し、宗教人は存在の根底への帰郷を試みる。ところが永遠の生命においては、聖と俗の落差はなく、神の国には宗教はなく、天のエルサレムには神殿もない。神の生命は、否定的なものを永遠に克服する至福であり、バルトが罪（虚無）の存在論的不可能性を説く理由もここにある。

救いの完成と人間の本質化　人間は、永遠の生命（本質化）に反抗して実存として留まると同時に、本質化を目指して精進するので、本質化の概念は弁証法的である。同様に、永遠の生命の象徴は、個人の救いと滅びを峻別するカルヴァンの二重の予定説とオリゲネスの万人救済説を止揚するので、弁証法的である。詳論すると、精神の次元において、個別化が参与に対して優位を占めると、人間は自己中心的となり、二重の予定論が生まれる。しかしキリスト教は、人格主義を強調するにも拘らず、参与を無視しない。したがって実存（個別化）の問いに対する答えは、本質化を普遍的参与と理解するとき可能となり、すべての存在との結合（参与）において個が本質化されることが、キリストの代償説（身代り説）を可能にする。

復活の教義は、永遠から分離した時を、永遠へ帰還させる神の救済を象徴するが、復活の体は霊の体であり、霊は人間の精神に現臨し、人間を変容し高める。人間が永遠の生命に参与することは、実存の本質化を意味し、復活は新存在を象徴する。東方教会の聖画像（イコン）は本質化された肖像であり、天上の実在に神秘的に参与するのに対し、自意識をもつ西方教会の自我も永遠の生命から排除されておらず、個別的中心があってこそ、参与もある。

さらにアウグスティヌス、トマス、カルヴァンが永遠の死を強調したのは、実践面で生活を整えるためであった。逆に、オリゲネスとソキニウスは、それぞれ神秘主義とヒューマニズムに基づいて、永遠への帰還の確実さ（万人救済説）を強調したが、永遠の死の恐怖と万人救済の慰めの両者を強調することは建徳のために必要であった。同様にティリッヒも、シェリングに依拠して、永遠の生命の深淵の中に時間と変化を畳み込み、永遠の生命の中でも人格的発展のあることを強調する。永遠は、無時間的な自己同一でもなく、絶えざる変化でもないが、プラトンは、時間が永劫に回帰する事態を、時間の円環運動という空間的な象徴によって表現し、永遠の象徴とした。ところがアウグスティヌスは、時間の創造によって始まり、時間を永遠へ変革することによって終る直線によって、時間を理解したが、これは神の国を歴史の目標とみるキリスト教の時間理解に適合する。

他方、近代の進化論は、時間を水平方向へ無限に延長する線とみて、時間を永遠から切り離した。ところがティリッヒは、天国から下降し、天国へ戻る抛物線を、時間のプラトン的な像とみて、神的根底の中に可能性として畳み込まれた人間も、実存を経て本質化の過程にあると理解する。つまり永遠の中に包み込まれた時間（救済史）は、本質から実存的疎外を経て本質化する神と人間の生命のリズム（道）を指示し、古典神学の体の復活は万物の本質化を意味する。

創造と救済を啓示するロゴスの教義（象徴）は、他者（人間）を神の生命の中に導入するが、ロゴスとともに本質（創造）の領域は創造され、創造の可能性は存在の神的根底の中に内在化される。また時間的存在である人間は、自己実現の可能性、すなわち本質からの実存の疎外と本質と実存の和解の可能性を生み、これが本質から実存を経て本質化する道となる。さらに永遠の創造は、人間の自由によって実現するので、人間の自由の歴史は永遠の相下では神の生命自体となる。つまりティリッヒは、ヘーゲル哲学によって神の生命を象徴的に語るので、聖霊論と終末論（神の国）においては、カイロス的な歴史観とフィオーレのヨアキム的な三一神論（弁証法）的歴史観は統合される。したがってティリッヒの歴史観、終末論の妥当な解釈は、プラトン哲学、ヘーゲル哲学、シェリング哲学、脱自的開存、聖霊の現臨、歴史に内在する目標、歴史を超越する目標、そして世界史の外から人間に語りかけ、人間の応答を求める神などの諸要因が、緊張を孕みながらも共存し、有機的な統体を形成していると理解することであろう。たしかに後期ハイデガーの開存・脱存という存在は、ティリッヒの聖霊の現臨と構造的な相同性を保持するが、ティリッヒの神学体系はハイデガーの存在論を自己の形態的存在論の一要素として自己の体系の中に包摂するキリスト教神学であると理解するのが、ティリッヒの歴史観、終末論の妥当な解釈であろう。

あとがき

本書の原稿は約三年前に完成し、筐底《きょうてい》に埋れていたが、このたび陽《ひ》の目をみることとなった。とはいえ限られた紙面でティリッヒ神学の全体像を描くことは至難の業であり、力量の不足を痛感した次第である。英語圏とドイツ語圏には、ティリッヒの研究書は、まさに汗牛充棟という言葉が相応しいほど多い。ところが日本ではティリッヒの研究書の数は多くはない。ティリッヒは偉大な思想家、神学者なので、日本でもティリッヒの研究書はもっと出版さるべきであるし、またその意味で本書の存在理由もあると思う。

ティリッヒは、哲学的言語や哲学的体系によってキリスト教の真理を象徴的に表現しようとするので、キリスト教のメッセージが失われる危険、つまり還元主義に陥る危険があることは否定できないであろう。しかしティリッヒは、現代の知識人にキリスト教を弁証するために、キリスト教の教義（symbol）を哲学的言語によって解釈しようと試み、その結果、哲学の問いと神学の答えの相関論を形成した。つまり、神学と哲学は、相同性を保持する場合もあるが、キリスト教には哲学や東洋の思想には還元できない自己固有の真理がある。プロティノスの流出論に対する古典神学の「無よりの創造」の教義や罪に対する人間の有責性など顕著な例である。それゆえ本書で私は、ティリッヒの初期の著作から『組織神学』の第三巻に至るまで、哲学と神学の相関論を跡づけ、ティリッヒ神学の最深層を開示しようと試みたが、はたして成功したであろうか。

ティリッヒの神学体系を形態的存在に譬《たとえ》ると、本質（内核）の領域には神（真理）が内在するので、ティリッヒ神学とプラトン哲学やドイツ観念論は統合される。それゆえケネス＝ハミルトンは、「福音と体系は相容れない」という形でティリッヒ神学を批判したのである。反面、本質から転落した実存（外核）や生（最外核）の領域では、人間存在は、空虚なので、人間（罪人）の外側から人間に語りかけ、人間と出会う神（他者）によって人間は救われる。したがってパンネンベルクはティリッヒの『組織神学』第三巻「聖霊論」を高く評価する。ところが形態的存在とは、これらの二局面を統合する生きた有機体を意味するので、ティリッヒ神学は、ヘーゲル的汎神論（内在論）とバルト的な超越神論を統合する汎内神論、万有在神論の神学と性格づけられる。この方向を推し進めるティリッヒ解釈、例えば「帰郷の神学」と「出会いの神学」の統合が最も成果を期待できるティリッヒ解釈の道であろう。

それにしても、私がシカゴ大学に滞在した一九六二年から一九七〇年に至る八年間は、シカゴ大学神学部の黄金時代であり、私は期せずしてティリッヒ、エリアーデ、リクールという世界屈指の学匠たちの身近かで、学問に励むという稀有の幸運に恵まれた。今、当時のことどもに思いをめぐらすと、村夫子然としたエリアーデや才気煥発なリクールの面影とともに、ティリッヒの口癖の言葉が耳許に響いてくる錯覚に捉われる。したがって本書も、ティリッヒという世界的な碩学の生涯の最後の三年間を見守りながら、学問に打ち込んだ者の感謝の証しとして読んでいただければ幸いである。

なお一九八九年から一九九〇年にかけて一年間、再び私をシカゴ大学の宗教学高等研究所に招いて下さり、本書の出版を強く勧めて下さった故北川三夫教授、また日頃、学問的にお世話になっている日本キリスト教学会の佐藤敏夫教授、日本ホワイトヘッド学会の山本誠作教授、日本バルト協会の小川圭治教授に厚く感謝する次第である。さらに本書の出版に際して、大変御厄介になった清水書院の清水幸雄氏と村山公章氏に心からの謝意を表わす次第である。

ティリッヒ年譜

西暦	年齢	年譜	背景をなす社会的事件、ならびに参考事項
一八八六年	0歳	八月二〇日、シュタールツェデルで誕生。父ヨハネス＝オスカー、母ヴィルヘルミーネ＝マチルダ。	カール＝バルト誕生。
八八	1〜2	妹ヨハンナ誕生。	ウィルヘルム二世即位。
八九	2〜3		ブルンナー、ハイデガー誕生。
九〇	3〜4		ビスマルク、宰相辞任。
九一	4〜5	シェーンフリースへ転居。	
九三	6〜7	妹エリザベート誕生。	エジソン活動写真を発明。
九八	12	ケーニッヒスベルクの高校入学。	
九九	12〜13	エッカルト＝フォン＝シドーと出会う。	
一九〇〇年	13〜14	父、ベルリン教区長となる。	ニーチェ逝去。
一	14〜15	父イスラエル訪問。	
		ベルリンの高校へ転入学。	
二	15〜16	堅信礼を受ける。	日英同盟成立。
三	16〜17	母マチルダ死去。	

四	17〜18	ベルリン大学へ入学。	日露戦争勃発。
五	18〜19	夏、テュービンゲン大学へ転学。秋ハレ大学へ転学。マルティン＝ケーラー、フリッツ＝メディクスに師事。ヴィンゴルフ会入会。ヘルマン＝シャフト、アルフレート＝フリッツの親友となる。	
七	20〜21	一〇月、ベルリン大学復学。	英、仏、露、三国協商成立。
九	22〜23	一月、リヒテンラーデ教会の副牧師就任。ヴェゲナーと出会う。『シェリングの哲学的発展における神秘主義と罪意識』稿了。	日本、韓国を併合。キルケゴールのドイツ語版全集刊行開始。
一〇	23〜24	『シェリングの積極哲学における宗教史の構成』によりブレスラウ大学より哲学博士の学位を受く。	
一一	24〜25	ベルリン神学会で「イエスとキリスト」を講演する。	中国で辛亥革命勃発。
一二	25〜26	ハレ大学より神学修得士の学位を受く。モアビットの副説教師就任。妹ヨハンナ、フリッツと結婚。	中華民国成立。
一三	26〜27	教授資格申請論文『啓蒙主義時代のドイツ神学における超自然の概念』（二年後出版）完成。	

一九一四年	27〜28	九月、マルガレーテ＝ヴェーバーと結婚。従軍牧師として出征。	第一次世界大戦勃発。アインシュタイン、一般相対性理論発表。
一六	29〜30	七月、ハレ大学の私講師となる。	
一八	31〜32	六月、第一級鉄十字章受章。	一一月、第一次世界大戦終結。
一九	32〜33	一月、ベルリン大学の私講師となる。四月、カント協会で「文化と神学の理念について」講演する。	九月、タンバッハの宗教的社会主義者会議でバルトとティリッヒ講演。国際連盟成立。
二〇	33〜34	一月、ヨハンナ死去。	
二一	34〜35	二月、マルガレーテ＝ヴェーバーと離婚。	ワシントン軍縮会議。
二二	35〜36	『大衆と精神』出版。	ムッソリーニ内閣成立。
二三	36〜37	『対象と方法にしたがつた諸学の体系』出版。	マルク大暴落。
二四	37〜38	三月、ハンナ＝ヴェルナーと結婚。マールブルク大学員外教授就任。	レーニン没す。
二五	38〜39	論文「宗教哲学」出版。秋、ドレスデン工科大学宗教学教授就任。一二月、ハレ大学より名誉博士号を受く。	スターリン台頭。ヒンデンブルク大統領就任。ハイゼンベルク量子力学創始。
二六	39〜40	二月、エルトムーテ誕生。『カイロスとロゴス』『現代の	ハイゼンベルク不確定性原理確立。

		宗教的状況』『魔的なもの』出版。	
二七	40〜41	ライプチヒ大学で組織神学を教え始める（〜二九年）。	リンドバーク大西洋横断飛行成功。
二八	41〜42	スイスでマックス＝シェラーと討論。	五月、シェラー没す。
二九	42〜43	フランクフルト大学正教授就任。社会民主党入党。	一〇月、世界大恐慌始まる。
三二	45〜46	一二月、『社会主義的決断』出版。	三月満州国建国宣言。
三三	46〜47	四月、フランクフルト大学教授職の停職処分を受ける。	ヒトラー首相就任。日本、国際連盟脱退。
三四	47〜48	ユニオン神学校客員教授就任。	中国共産党大西遷。
三五	48〜49	『境界に立ちて』出版。ルネ＝ステファン誕生。	イタリア、エチオピア戦争開始。
三六	49〜50	世界教会会議準備委員就任。ヨーロッパ訪問。	スペイン内乱始まる（〜三九年）。
三七	50〜51	ユニオン神学校準教授就任。	日中戦争勃発。
四〇	53〜54	六月、エール大学、名誉博士号を授与。 九月、ユニオン神学校正教授就任。	六月、ドイツ軍パリ入城。
四三	55〜56	「アメリカの声」の放送原稿を書き始める（〜四四年）。	
四五	58〜59		第二次世界大戦終結。
四六	59〜60	イースト・ハンプトンに別荘購入。	
四八	61〜62	『プロテスタントの時代』『地の基ふるい動く』出版。	
五一	64〜65	『組織神学』第一巻出版。ヴァージニア大学で講義する。	日米安全保障条約調印。

一九五二年	65～66	『存在への勇気』出版。英国ノッティンガム大学で講義する。	アイゼンハウアー米国大統領に当選。
五三	66～67	英国アバディーン大学でギフォード講義。	スターリン没す。
五四	67～68	ユニオン神学校退職。ハーヴァード大学ユニヴァーシティ教授就任。英国アバディーン大学で講義。『愛、力、正義』出版。	西ドイツ憲法改正。
五五	68～69	『聖書的宗教と究極的実在の探求』『新しき存在』出版。	西ドイツＮＡＴＯに加盟。
五六	69～70	『信仰の動態』出版。ギリシア旅行。	ソ連、人工衛星の打ち上げ成功。
五七	70～71	『組織神学』第二巻、出版。	
六〇	73～74	日本訪問。	
六二	75～76	コロンビア大学でバンプトン講義。ハーヴァード大学退職。シカゴ大学ジョン＝ニューウイン教授就任。	
六三	76～77	『組織神学』第三巻、『永遠の今』、『キリスト教と世界宗教の出会い』出版。	ケネディ大統領暗殺される。
六五	78～79	一〇月一二日、「組織神学者にとっての宗教史の意義」の講演。	

六六		一〇月二二日、逝去。 五月二九日、インディアナ州ニュー・ハーモーに最終埋葬。	ブルンナー没す。

参考文献

I ティリッヒの著作の翻訳書

『組織神学』第一巻「序論」「理性と啓示」「存在と神」谷口美智雄訳（新教出版社 一九九〇年）
『組織神学』第二巻「実存とキリスト」谷口美智雄訳（新教出版社）近刊
『組織神学』第三巻「生と霊」「歴史と神の国」土居真俊訳（新教出版社 一九八四年）
『近代プロテスタント思想史』佐藤敏夫訳（新教出版社 一九七六年）
『信仰の本質と動態』谷口美智雄訳（新教出版社）
『存在への勇気』谷口美智雄訳（新教出版社 一九五四年）
『地の基震い動く』後藤真訳（新教出版社 一九五一年）
『ティリッヒ博士講演集・文化と宗教』高木八尺編訳（岩波書店 一九六二年）
『愛、力、正義』谷口美智雄訳（新教出版社 一九五七年）
『新しき存在』土居真俊訳（新教出版社 一九五八年）
『神の存在論的探究』土居真俊訳（理想社 一九六一年）
『永遠の今』茂洋訳（新教出版社 一九六五年）
『究極なものを求めて』茂洋訳（新教出版社 一九六八年）
『文化の神学』茂洋訳（新教出版社 一九六九年）
『ティリッヒ著作集』全一三巻（白水社 一九七八—一九八〇年）
第一巻「大衆と精神」「社会主義的決断」他 古屋安雄・栗林輝夫訳
第二巻「道徳的行為の宗教的基礎」他 水垣渉訳
第三巻「哲学と運命」「カイロスとロゴス」他 大木英夫、清水正訳

第四巻 「宗教哲学の二つの道」「聖書の宗教と存在の問題」他 野呂芳男訳
第五巻 「プロテスタントの時代」他 古屋安雄訳
第六巻 「信仰の本質と変化」他 大宮溥訳
第七巻 「文化の神学の理念について」他 谷口、竹内、木下、田辺訳
第八巻 「現在の宗教的状況」他 近藤勝彦訳
第九巻 「生きる勇気」「愛、力、正義」 大木英夫訳
第一〇巻 「境界に立ちて」他 武藤一雄、片柳栄一訳
別巻一 「地の基震い動く」「新しい存在」「永遠の今」 加藤常昭訳
別巻二 「キリスト教思想史」I 大木英夫、清水正訳
別巻三 「キリスト教思想史」II 佐藤敏夫訳

II その他の研究書

土居真俊 『ティリッヒ』（日本キリスト教団出版部 一九六〇年）
茂 洋 『ティリッヒ組織学神学の構造』（新教出版社 一九七一年）
茂 洋 『ティリッヒの人間理解』（新教出版社 一九八六年）
藤倉恒雄 『ティリッヒ組織神学研究』（新教出版社 一九八八年）
土居真俊 『キリスト教と佛教』（法蔵館 一九八九年）
藤倉恒雄 『ティリッヒの神と諸宗教』（新教出版社 一九九二年）
近藤勝彦 『歴史の神学の行方』（教文館 一九九三年）
量義治 『緊張・哲学と神学』（理想社 一九九四年）
芦名定道 『ティリッヒと弁証神学の挑戦』（創文社 一九九五年）
ウィルヘルム＝パウク／マリオン＝パウク 『パウル・ティリッヒ』I生涯 田丸徳善訳（ヨルダン社 一九七九年）
ジョン＝ドゥアリイ 『ユングとティリッヒ』 久保田圭伍訳（大明堂 一九八五年）

マイケル＝パーマー『パウル・ティリッヒと芸術』野呂芳男訳（日本キリスト教団出版部 一九九〇年）

さくいん

【人　名】

【事　項】

ティリッヒ■人と思想135　定価はカバーに表示

1997年11月17日　第1刷発行©
2014年9月10日　新装版第1刷発行©

・著　者　……………………………大島《おおしま》　末男《すえお》
・発行者　……………………………渡部　哲治
・印刷所　…………………………図書印刷株式会社
・発行所　…………………………株式会社　清水書院

〒102-0072　東京都千代田区飯田橋3－11－6
Tel・03(5213)7151～7
振替口座・00130－3－5283
http://www.shimizushoin.co.jp

検印省略
落丁本・乱丁本は
おとりかえします。

CenturyBooks

Printed in Japan
ISBN978-4-389-42135-9

CenturyBooks

清水書院の〝センチュリーブックス〟発刊のことば

近年の科学技術の発達は、まことに目覚ましいものがあります。月世界への旅行も、近い将来のこととして、夢ではなくなりました。しかし、一方、人間性は疎外され、文化も、商品化されようとしていることも、否定できません。

いま、人間性の回復をはかり、先人の遺した偉大な文化を継承して、高貴な精神の城を守り、明日への創造に資することは、今世紀に生きる私たちの、重大な責務であると信じます。

私たちがここに、「センチュリーブックス」を刊行いたしますのは、人間形成期にある学生・生徒の諸君、職場にある若い世代に精神の糧を提供し、この責任の一端を果したいためであります。

ここに読者諸氏の豊かな人間性を讃えつつご愛読を願います。

一九六七年

SHIMIZU SHOIN

人と思想

●は未刊
＊は近刊

老子	高橋 進
孔子	内野熊一郎他
ソクラテス	中野幸次
釈迦	副島正光
プラトン	中野幸次
アリストテレス	堀田 彰
イエス	八木誠一
親鸞	古田武彦
ルター	小牧 治 泉谷周三郎
カルヴァン	渡辺信夫
デカルト	伊藤勝彦
パスカル	小松摂郎
ロック	浜林正夫他
ルソー	中里良二
カント	小牧 治
ベンサム	山田英世
ヘーゲル	澤田 章
J・S・ミル	菊川忠夫
キルケゴール	工藤綏夫
マルクス	小牧 治
福沢諭吉	鹿野政直
ニーチェ	工藤綏夫
J・デューイ	山田英世
フロイト	鈴村金彌
内村鑑三	関根正雄
ロマン＝ロラン	村上嘉隆 村上益子
孫文	横山 英 中山義弘
ガンジー	坂本徳松
レーニン	中野徹三 高岡健次郎
ラッセル	金子光男
シュバイツァー	泉谷周三郎
ネルー	中村平治
毛沢東	宇野重昭
サルトル	村上嘉隆
ハイデッガー	新井恵雄
ヤスパース	宇都宮芳明
孟子	加賀栄治
荘子	鈴木修次
●アウグスティヌス	宮谷宣史
トーマス・マン	村田經和
シラー	内藤克彦
道元	山折哲雄
ベーコン	石井栄一
マザーテレサ	和田町子
中江藤樹	渡部 武
ブルトマン	笠井恵二
本居宣長	本山幸彦
佐久間象山	奈良本辰也 左方郁子
●安藤昌益	三宅正彦
田中正造	布川清司
幸徳秋水	絲屋寿雄
スタンダール	鈴木昭一郎
和辻哲郎	小牧 治
マキアヴェリ	西村貞二
河上肇	山田 洸
アルチュセール	今村仁司
杜甫	鈴木修次
スピノザ	工藤喜作

ユング	林　道義	D・H・ロレンス	倉持　三郎
フロム	安田　一郎	ヒューム	泉谷周三郎
マイネッケ		シェイクスピア	中川鶴太郎
エラスムス	西村　貞二	ラヴォアジエ	中川鶴太郎
エラスムス	斎藤　美洲	ドストエフスキイ	徳永　暢三
パウロ	八木　誠一	エピクロスとストア	堀田　彰
ブレヒト	岩淵　達治	アダム゠スミス	浜林　正夫
ダンテ	野上　素一	マーティン゠L゠キング	鈴木　正亮
ダーウィン	江上　生子	ペスタロッチ	川村　仁也
ゲーテ	星野　慎一	フンボルト	西村　貞二
ヴィクトル゠ユゴー	辻　昶	ポパー	花房　英樹
トインビー	丸岡　高弘	白楽天	村上　隆夫
フォイエルバッハ	吉沢　五郎	ベンヤミン	井手　貢夫
平塚らいてう	宇都宮芳明	ヘッセ	福吉　勝男
フッサール	小林登美枝	フィヒテ	高野　澄
ゾラ	加藤　精司	大杉　栄	ヴァイツゼッカー
ボーヴォワール	尾崎　和郎	ボンヘッファー	加藤　常昭
カール゠バルト	村上　益子	ケインズ	メルロ゠ポンティ
ウィトゲンシュタイン	大島　末男	エドガー゠A゠ポー	浅野　栄一
ショーペンハウアー	岡田　雅勝	ウェスレー	佐渡谷重信
ショーペンハウアー	遠山　義孝	レヴィ゠ストロース	野呂　芳男
マックス゠ヴェーバー	住谷一彦他	ブルクハルト	吉田慎吾他
		ハイゼンベルク	西村　貞二

ヴァレリー	山田　直	
プランク	高田　誠二	
T・S・エリオット	徳永　暢三	
シュトルム	宮内　芳明	
マーティン゠L゠キング	梶原　寿	
ペスタロッチ	長尾十三二	
ペスタロッチ	福田　弘	
玄　奘	三友　量順	
ヴェーユ	冨原　眞弓	
ホルクハイマー	小牧　治	
サン゠テグジュペリ	稲垣　直樹	
西光万吉	師岡　佑行	
ヴァイツゼッカー	加藤　常昭	
メルロ゠ポンティ	村上　隆夫	
オリゲネス	小高　毅	
トマス゠アクィナス	稲垣　良典	
ファラデーとマクスウェル	後藤　憲一	
津田梅子	古木宜志子	
＊大友宗麟	溝部　脩	
シュニツラー	岩淵　達治	

	林　道義
	安田　一郎
	西村　貞二
	斎藤　美洲
	八木　誠一
	岩淵　達治
	野上　素一
	江上　生子
	星野　慎一
	辻岡　高弘
	丸岡　高弘
	吉沢　五郎
	宇都宮芳明
	小林登美枝
	加藤　精司
	尾崎　和郎
	村上　益子
	大島　末男
	岡田　雅勝
	遠山　義孝
	住谷一彦他

小出昭一郎
岩淵　達治

*ネルヴァル	大浜　甫
カステリョ	出村　彰
ヴェルレーヌ	野内　良三
コルベ	川下　勝
ドゥルーズ	船木　亨
「白バラ」	関　楠生
リジュのテレーズ	菊地多嘉子
リッター	西村　貞二
プルースト	石木　隆治
ブロンテ姉妹	青山　誠子
ツェラーン	森　治
ムッソリーニ	木村　裕主
モーパッサン	村松　定史
大乗仏教の思想	副島　正光
解放の神学	梶原　寿
ミルトン	新井　明
ティリッヒ	大島　末男
神谷美恵子	江尻美穂子
レイチェル＝カーソン	太田　哲男
オルテガ	渡辺　修

アレクサンドル＝デュマ	辻　昶 稲垣　直樹
*西　行	渡部　治
ジョルジュ＝サンド	坂本　千代
*マリア	吉山　登
ラス＝カサス	染田　秀藤
*吉田松陰	高橋　文博
*パステルナーク	前木　祥子
*パース	岡田　雅勝
*スコット	中田　修
アドルノ	小牧　治
良　寛	山﨑　昇
グーテンベルク	戸叶　勝也
ハイネ	一條　正雄
*トマス＝ハーディー	倉持　三郎
*旧約聖書の預言者たち	木田　献一
*ボッカチオ	野上　素一
*ナイチンゲール	小玉香津子
*ザビエル	尾原　悟

● **清水新書——歴史**

1 平泉の世紀—藤原清衡　高橋富雄
2 日蓮と蒙古襲来　川添昭二
3 田沼意次—その虚実　後藤一朗
4 広重の世界—巨匠のあゆみ　楢崎宗重
5 原敬—政党政治のあけぼの　山本四郎
6 フリードリヒ大王—啓蒙専制君主とドイツ　村岡晢
7 帝制ロシアの巨星—ピーター大帝　木崎良平
8 ケネディとニューフロンティア　中屋健一
9 「三国志」の世界—孔明と仲達　狩野直禎
10 オスマン帝国の栄光とスレイマン大帝　三橋冨治男
11 権勢の政治家—平清盛　安田元久
12 産業革命の群像　角山栄
13 ルイ14世—フランス絶対王政の虚実　千葉治男
14 ルーズベルト—ニューディールと第二次世界大戦　新川健三郎
15 レオナルド＝ダ＝ヴィンチ—ルネサンスと万能の人　西村貞二
16 最高の議会人—グラッドストン　尾鍋輝彦
17 王羲之—六朝貴族の世界　吉川忠夫
18 草原の覇者—成吉思汗　勝藤猛
19 桃山美術への誘い—永徳と山楽　土居次義
20 チャーチルと第二次世界大戦　山上正太郎
21 自由・平等をめざして—中江兆民と植木枝盛　松永昌三
22 安禄山と楊貴妃—安史の乱始末記　藤善真澄
23 クロムウェルとピューリタン革命　今井宏
24 司馬遷と「史記」の成立　大島利一
25 近世国学の大成者—本居宣長　芳賀登
26 足利義政と東山文化　河合正治
27 イタリア民族革命の使徒—マッツィーニ　森田鉄郎
28 神を背に立つ改革者—ルターとカルヴァン　冨本健輔
29 ムガル帝国とアクバル大帝　石田保昭
30 張騫とシルク-ロード　長沢和俊
31 幸徳秋水—明治社会主義の一等星　坂本武人
32 「沖縄学」の父—伊波普猷　金城正篤・高良倉吉
33 地中海世界の覇権をかけて—ハンニバル　長谷川博隆
34 孫文と中国の革命運動　堀川哲男
35 親鸞—人間性の再発見　千葉乗隆
36 未踏世界の探検—間宮林蔵　赤羽榮一
37 朱子と王陽明—新儒学と大学の理念　間野潜龍
38 リンカーン—南北分裂の危機に生きて　井出義光
39 ウィルソン—新世界秩序をかかげて　志邨晃佑
40 ヒトラーと第二次世界大戦　三宅正樹
41 マホメット—イスラムの原点をさぐる　嶋田襄平
42 ジャンヌ＝ダルクの百年戦争　堀越孝一
43 女性解放の先駆者—中島俊子と福田英子　絲屋寿雄
44 つくられた暴君と明君—隋の煬帝と唐の太宗　布目潮渢
45 独裁君主の登場—宋の太祖と太宗　竺沙雅章
46 アレクサンドロス大王—「世界」をめざした巨大な情念　大牟田章
47 アメリカ独立の光と翳　今津晃
48 カイザーの世界政策と第一次世界大戦　義井博
49 マルコ＝ポーロ—東西を結んだ歴史の証人　佐口透
50 ムハンマド＝アリー—近代エジプトの苦悩と曙光と　岩永博
51 福沢諭吉　高橋昌郎
52 中国の大航海者—鄭和　寺田隆信
53 源義経—伝説に生きる英雄　関幸彦
54 中国史にみる女性群像　田村実造